U0459705

转型发展时期山西地方品牌建设研究

唐 娟 著

中国财经出版传媒集团

经济科学出版社
Economic Science Press

图书在版编目（CIP）数据

转型发展时期山西地方品牌建设研究/唐娟著．—北京：
经济科学出版社，2019.6
ISBN 978 - 7 - 5218 - 0650 - 2

Ⅰ.①转…　Ⅱ.①唐…　Ⅲ.①地方经济－商业品牌－
品牌战略－研究－山西　Ⅳ.①F727.25

中国版本图书馆 CIP 数据核字（2019）第 127924 号

责任编辑：程晓云
责任校对：靳玉环
版式设计：齐　杰
责任印制：王世伟

转型发展时期山西地方品牌建设研究
唐　娟　著
经济科学出版社出版、发行　新华书店经销
社址：北京市海淀区阜成路甲 28 号　邮编：100142
总编部电话：010 - 88191217　发行部电话：010 - 88191522
网址：www. esp. com. cn
电子邮件：esp@ esp. com. cn
天猫网店：经济科学出版社旗舰店
网址：http：//jjkxcbs. tmall. com
北京季蜂印刷有限公司印装
710×1000　16 开　11.75 印张　260000 字
2019 年 10 月第 1 版　2019 年 10 月第 1 次印刷
ISBN 978 - 7 - 5218 - 0650 - 2　定价：38.00 元
（图书出现印装问题，本社负责调换。电话：010 - 88191510）
（版权所有　侵权必究　打击盗版　举报热线：010 - 88191661
QQ：2242791300　营销中心电话：010 - 88191537
电子邮箱：dbts@ esp. com. cn）

　　经济的发展离不开能源的发展，能源是人类社会进步与经济发展的重要物质基础，能源的开发利用状况决定着经济的发展水平，并服从于一定的经济发展模式。然而目前山西能源结构中以煤炭产业为主体，过分依赖于煤炭产业的现状，已经严重地制约了山西经济的快速发展。在此种情况下，山西省要想达成可持续发展的目标，就必须进行经济转型。经济转型指的是资源配置和经济发展方式的转变，包括发展模式、发展要素、发展路径等的转变。从国际经验看，不论是发达国家还是新型工业化国家，无一不是在经济转型升级中实现持续快速发展的。

　　随着山西省经济转型理念的提出，我们就应该把握时机、蓄势待发，建设山西省经济发展的新模式，而品牌建设就成为转型时期讨论的一个重要话题。随着近些年来经济的不断增长，山西省也开始逐渐注重地方品牌的建设，人们对品牌的重要性有了全新的认识，但是从整体来看，山西企业的品牌建设还存在诸多问题，基于此背景，本书在阐述经济转型、品牌及品牌建设理论知识的基础上分析了山西品牌建设存在的问题、原因及对策，而后具体到山西的地方品牌并对其品牌建设进行了相关论述，包括山西汾酒品牌建设、山西古城乳业品牌建设、山西天脊化肥品牌建设、山西奇强品牌建设及山西农产品品牌建设，最后分析了转型发展时期山西品牌建设的机制保障，并提出了山西名牌战略实施的对策建议。

与已有的同类研究成果相比，本书主要具有以下三大特色：

一是时代性，随着社会的进步及经济的发展，当前环境问题凸显，经济发展已经不能再延续原来粗犷发展的老路，必须探索新的发展路径。在转型发展时期，山西省也应该及时做出调整，打造地方品牌特色，走集约化的发展道路，本书的写作切合当前经济发展的新需求，具有一定的时代性。

二是层次性，本书可分为两大部分：第一部分论述了品牌及品牌建设的基础知识并总括了转型发展背景下山西品牌建设存在的问题、原因及对策分析，第二部分则针对山西不同品牌的建设问题展开具体的论述。

三是实用性，本书在写作的时候遵循理论与实践相结合的写作策略，在介绍相关理论的基础上对山西地方品牌的建设提出了自己的见解，能够在一定程度上指导实践，具有一定的实用性。

可以看出，对于山西品牌，其发展基础较好，仍有很大的发展空间和提升潜力，进一步提升山西地方品牌形象以及品牌地位，不仅要提升品牌意识，更重要的是提升管理水平，引入高质量人才，为山西经济的发展谋出路。总而言之，山西地方品牌建设之路任重而道远。

本书在写作过程中得到了相关领导的支持和鼓励，同时参考和借鉴了有关专家、学者的研究成果，在此表示诚挚的感谢！由于时间及能力有限，书中难免存在疏漏与不妥之处，欢迎广大读者给予批评指正！

唐　娟

2019.8

第一章
经济转型概述

国际金融危机和世界经济形势，以及中国经济的发展现状，都给山西经济的发展带来了新矛盾和挑战。不合理的产业结构加大了国际金融危机对山西省经济的冲击，也为其推进结构调整提供了难得的机遇。山西必须按照科学发展观的要求，转变经济发展方式，走出一条符合山西实际的转型发展之路，有效解决长期以来在资源开发利用、环境保护治理和经济健康高效发展三者之间的突出矛盾，推进资源大省向经济强省的跨越。本章主要讲述了计划经济及社会主义市场经济转型、低碳经济：中国经济发展的科学选择、转型发展对山西的意义和要求等内容。

第一节　计划经济及社会主义市场经济转型

一、计划经济

中国计划经济的形成经历了三个阶段，1949～1952 年为第一个阶段，即为建立计划经济创造条件阶段；1953～1957 年为第二个阶段，即计划经济形成阶段；1958～1978 年为第三个阶段，是计划经济完整形态阶段，国家垄断了社会中几乎所有重要的稀缺资源。

随着国民经济的恢复和快速发展，尤其是在国家"发展工业以钢为纲"的指导思想下，中国钢铁、煤炭、焦炭、水泥等行业得到较快发展。在经过1958年的曲折发展历程之后，到1978年粗钢、成品钢材、生铁、原煤、焦炭、水泥等产量分别比1949年增长197.63、168.85、138.16、18.31、15.23、97.85倍[①]。计划经济时期，市场失灵，政府盲目追求高速经济增长。在计划经济体制形成后的20年里，尽管它在集中资源加快独立工业体系的建立方面发挥了重要作用，并基本保持了高积累下的社会稳定，但是这种计划经济下的中国经济的显著增长主要是通过资本形成而不是生产率的提高来实现的。根据美国哈佛大学中国经济问题专家帕金斯教授测算，中国经济在1953～1976年间年均增长率为4.4%，但生产率为增长所做的贡献只占0.6%[②]。计划经济的制度性缺陷是造成严重制约要素生产率增长的根本原因。同时，由于各行业受国家指令性计划控制，计划赶不上变化，也导致其生产规模和发展速度不能满足工业发展的需要。因此，要发挥要素生产率的增长在未来发展中的突出作用，以良好的经济绩效挖掘中国经济增长的潜在能力，就必须针对计划经济体制本身进行改革。

二、改革开放，向社会主义市场经济转型

自1978年经济改革伊始，中国就处于经济转型之中。中国经济体制改革的理论与实践在探索中不断前进。1978年党的十一届三中全会明确提出，要以计划经济为主，市场调节为辅，正确划分指令性计划、指导性计划和市场调节各自的范围和界限，把实行对外开放作为中国坚定不移的战略方针。中国经济体制改革历程大体可以分为三个阶段：1978～1991年是探索发展阶段，改革的核心是在社会经济活动中引入市场机制。其中，1978～1984年是改革启动试点阶段，主要在农村率先展开家庭联产承包责任制农村经济体制改革；

---

① 资料来源：《1978年全国国民经济和社会发展统计公报》。
② D. H. 帕金斯等：《走向21世纪：中国经济的现状、问题和前景》，江苏人民出版社1995年版。

1984～1991 年是改革全面探索阶段，改革重点从农村转向城市。1992～2000 年是初步建立社会主义市场经济体制阶段，改革的主线是探索如何建立社会主义市场经济体制的基本框架。其核心是如何发挥市场在资源配置中的基础性作用。2001 年至今是逐步完善社会主义市场经济体制阶段。

（一）经济转型具有双重特征

经济转型的概念和特征，在国内已有比较成熟的研究。经济转型是指经济结构转变与经济体制转轨相互作用，促进经济发展从一个阶段向另一个阶段变化。中国经济转型具有双重特征。

一是经济体制转型，即通常所说的市场化：由计划体制转向市场体制。其起点是以原来行政命令方式作为经济资源配置主要手段的计划经济体制，然后通过体制创新逐步过渡到市场经济体制，旨在最终建立完善的以市场机制和价格供求关系来配置经济资源的市场经济体制。经济转型的目标模式是社会主义市场经济。

二是社会转型，指从传统型社会向现代型社会的过渡，即社会中的传统因素与现代因素此消彼长的进化过程，尤其是特指当代中国从传统社会向现代社会、从农业社会向工业社会、从封闭性社会向开放性社会的社会变迁和发展的演变过程。社会转型的目标模式是社会主义和谐社会。

中国的经济与社会转型在世界范围内看是一次巨大的、开创性的人类行为实验。目前，国内外比较一致的看法是中国社会转型不如经济转型成功。批评最突出的观点是认为社会转型误用了经济转型的方式，在社会事业领域大力推行市场化、产业化而导致社会公益活动的变异。社会事业是国民经济和社会发展的重要组成部分，它具有自身的属性和规律性。第一，社会事业与经济产业的根本目的是不同的。一般认为，经济产业追求效率，社会事业追求公平。其实，追求效率与追求公平并不是经济产业与社会事业的本质区别，而是这两种性质不同活动的外在表现形式。第二，各项社会事业发展大致呈现超前、同步和滞后三种客观性。由于各个社会事业发展的具体诱因、条件、服务对象等的差异，因而从历史角度看，各项社会事业发展及其到达的水平不是齐头并进的，而是有先有后。认识到社会事业具有的这三种客观性有助于提高人们对发展社会事业的科学性和自觉性的认识，避免冒进和保守两种失误。

（二）中国的经济改革与其他转型国家的区别

经济转型国家是指近几十年来发生的经济社会从计划经济向市场经济转变的国家，尤其是指苏联和中东欧国家，也包括中国及其他社会主义国家。各个国家的经济转型都要经历较长的时期，各国转型的具体目标和路径不尽相同。中国的经济转型采取了和独联体与东欧国家的"休克疗法"截然不同的"渐进性改革战略"。

1. 休克疗法

"休克疗法"现在经常被一些发生经济危机的国家所使用。这一名词最早是由美国经济学家杰弗里·萨克斯（Jeffrey Sachs）将其从医学领域引入经济领域的。萨克斯将休克疗法概括为"三化"，即稳定化、自由化和私有化。休克疗法在玻利维亚收到了令人难以置信的奇效，该疗法实施不到一周，恶性通货膨胀便得到了强有力的遏制，物价从暴涨趋于稳定。波兰、俄罗斯等苏联和东欧国家的经济转型基本上也采纳了"休克疗法"，与"玻利维亚奇迹"形成鲜明对照的是，波兰、俄罗斯等的休克疗法均以失败告终，市场化改革后普遍出现了通货膨胀、经济衰退等不稳定问题。

2. 渐进性改革

渐进性改革是一种演进式分步走的制度变迁方式。与激进的休克疗法不同，它既考虑了一种模式向另一种模式的转换，又考虑了保持经济运行过程的连续性和不同体制模式之间的继承性。中国经济体制改革采取了渐进性改革。中国渐进性改革具有"双轨过渡""试验推广"的特征。虽然中国经济体制改革是在理论准备不足的情况下探索实践先行的策略，也就是邓小平同志所说的"摸着石头过河"，但几十年的改革实践证明，中国"渐进性改革"取得了举世瞩目的巨大成就。GDP快速增长，工业品产量成倍增加，人均收入水平大幅度提高，城乡居民生活总体上实现了由贫困到温饱、再到小康的历史性跨越。

3. 经济转型的经验与教训

经济转型是一个艰巨复杂的系统工程，也是面对诸多矛盾和艰难的利益调整过程。经济转型战略的选择，首先要从本国具体国情出发，不宜盲目照搬别国经验。玻利维亚的休克疗法是成功的，因为它可以借助完善高效的市场经济体系，最大限度地发挥出自己的效应。而俄罗斯和东欧各国的基本国情却是市场经济体制尚在建设之中，市场体系的残缺不全、市场机制的运转不灵、市场主体的缺位以及宏观调控机制的低效僵化等严重制约着休克疗法作用的发挥。不顾这一客观条件的制约，强制推行休克疗法，只能适得其反，加重经济危机。从俄罗斯国家的经济增长方面看，1989 年，俄罗斯的 GDP 是中国的 2 倍多，而在 10 年后却仅为中国 GDP 的 1/3；在经济社会发展方面，俄罗斯在 20 世纪 90 年代出台的"休克疗法"式的制度转型，不仅摧毁了苏联原有的经济基础，而且使俄罗斯形成一种扭曲而畸形的经济社会形态[①]。

中国采取先易后难、先局部后整体的渐进性改革战略，从计划经济最薄弱的环节——农村和农业开始，逐步向沿海城市和其他领域展开，最后动摇计划经济的基础——中央计划体制，在改革中解决经济和社会发展中的突出问题；在渐进中求突破，在突破中求完善。但中国的经济转型，也付出了高昂的资源环境代价。

4. 中国经济转型的经验与教训

改革开放以来，中国经济社会发生了翻天覆地的变化，经济体制也进行了从计划经济向社会主义市场经济体制的改革转型。深入探讨前几个历史阶段的经验与教训，对于解决经济运行中存在的粗放型经济增长以及体制机制等深层次问题，具有重要的理论和实践意义。

一是中国历史上计划经济阶段，用主观意志的唯心主义面对复杂的经济社会发展环境，是计划经济变成短缺经济的原因（票证——计划经济时代的重要特征，凸现计划经济时代人们的生存状态），要吸取计划经济的教训。

[①] 田春生：《从新自由主义学说看俄罗斯"休克疗法"政策的失败及其原因》，载《开放导报》2004 年第 6 期。

二是忽视合理开发利用资源和保护环境。中国在改革开放初期，针对矿山资源提出"有水快流"开发矿业的方针，鼓励大、中、小煤矿一起上，形成煤矿多、小、散、乱的格局和粗放落后的矿业经济增长方式。19世纪80年代，更是兴起土法炼焦的浪潮。这些忽视资源和环境保护的做法给矿业和炼焦主产区带来了严重后果：资源浪费、环境污染、生态破坏，要吸取由计划经济向社会主义市场经济转型时初期阶段的教训。

三是体制机制的制约。中国经济改革一方面面临着前所未有的机遇，另一方面又面临着改革攻坚的体制机制等深层次矛盾的挑战。在经济快速发展过程中，有些地方政府把投资规模和经济增长速度作为评价政绩的主要指标。能源、资本、土地、淡水等重要生产要素价格形成机制改革不到位，价格杠杆难以有效发挥作用。国有企业产权不清，责任意识不强，一些重要行业市场准入标准不健全。部门、地方和集团利益的干扰，也使政策的实施与监管大打折扣。体制机制是中国下一步改革应该切实关注的焦点。

国家高层已经深刻认识到了问题的严重性。同时，中国在追赶发达国家过程当中，出现了相对发展水平比较落后的国家普遍都会存在的贸易顺差问题，贸易质量不高，出口的大多是低附加值的产品。商务部原部长曾经感慨地说过，中国出口8亿件衬衫才能换来一架波音飞机。为此，中国严禁高污染、高耗能和国内产能过剩的外资项目进入，以缓解资源和环境矛盾。

中国目前正处于社会主义市场经济阶段的转型时期，在机制体制许多地方有不适应市场经济的情况，出现了经济过热或大起大落等问题。我们缺乏经验，所以是"摸着石头过河"。社会主义市场经济理论的创新，会使中国的经济发展更有科学性、前瞻性，是实现可持续发展的理论基础。

第二节　低碳经济：中国经济发展的科学选择

工业革命以来，在人们享受物质财富急速膨胀的同时，气候变化的阴霾已悄然笼罩。20世纪80年代，气候变化的紧迫性和重要性开始逐渐被人们所重视。但是，气候变化究竟达到哪种程度是危险的，气温升高到多少度会是自然界的临界值，都不是容易确定的问题。联合国环境规划署的温室气体咨询小组在 1990 年报告中指出："2℃可能是一个上限，一旦超过这个上限可能会导致生态系统严重破坏，其不良后果将非线性增加。"德国联邦议会的研究委员会也试图确定可接受的范围，认为每 10 年气候变暖超过 0.1℃将致使森林生态系统变得非常危险。德国政府的气候变化咨询委员会于 1995 年发现，2℃应该是"可容忍的"气候变暖的上限①。不管如何确定全球气温升高的上限，有一个问题却十分明确的：工业革命时代的高碳经济必须"刹车"了。

一、低碳经济概念的提出

（一）低碳经济产生的生态背景

1988 年，联合国环境规划署和世界气象组织共同成立了"政府间气候变化专门委员会"（IPCC），IPCC 汇集了世界各地的专家，定期评估气候变化及其影响，迄今为止发表了四次关于气候变化问题的评估报告。欧盟的环境部长在 1996 年呼吁气候变暖要限制在比工业化前气温高 2℃的范围以内。近 10 年来，这一立场得到欧盟政府首脑的认同。智利、冰岛、挪威、瑞士包括一些较落后国家及小岛屿发展中国家也加入进来，后者进一步声明，要保证他们的安全和生存，2℃都已经太多了。

全球变暖立竿见影的后果之一，就是冰川融化。南极和北极地区形势尤为严峻。南极洲是一片由海洋环绕的大陆，而北极地区则是一片由陆地包围的海洋，生态系统都极为脆弱，很容易受到人类活动的影响。号称地球第三极的青藏高原，冰川融化速度更快。

进入 21 世纪以来，地球"上火"引起的极端天气事件，其强度、频度和广度每天都在刷新历史纪录，让过去那些相对稳定的气候变迁显得平淡失色。

①　熊焰：《人类面临的气候危机》，载《书摘》2010 年第 8 期。

气候变化对人类最快的和可预见的严峻威胁，就是加剧了饥荒和水资源供应，而受冲击最大的则是贫困人群。气候变化不仅仅加重贫困人口的额外负担，还会削弱他们对抗贫穷的能力，致使穷者更穷。中国的贫困人口也已经成为气候变化的最大受害者。

煤、石油、天然气是目前全球最主要的能源，跟化石一样，它们是千百万年前埋在地下的动植物经过漫长的地质年代变化而形成的，它们的主要成分是碳氢化合物或其衍生物，因此也被称为化石能源或碳基能源。多年来，人类依赖碳基能源创造了很多人间奇迹，但它们燃烧过程中排放的大量二氧化碳和二氧化硫等温室气体，是导致大气褐云、灰霾、酸雨和温室效应的罪魁祸首，碳基能源在给人类带来前所未有的工业发展和物质财富的同时，也给人类造成了难以陈述的环境压力，同时大部分的碳基能源将在 21 世纪被开采殆尽。灰霾影响的不仅仅是人们的心情，还有大家的呼吸系统。

除了严重的污染之外，碳基能源的不可持续性还在于它越来越昂贵的价格。在当前复杂多变的国际经济形势下，国际市场石油价格的大起大落已经成为常态。油价过山车背后，是公众挥之不去的焦躁情绪，而最大的阴影，则是我们今天高度依赖的碳基能源正在逐渐枯竭。

（二）低碳经济产生的政治背景

为了应对全球气候变化带来的挑战，国际社会一直努力寻求解决的良策。由于大气温室气体及其排放空间是全球公共物品，具有消费的"非排他性"和"非竞争性"，因此，必须通过国际合作加以解决，以防免费搭车。由于气候变化影响的广泛性、深远性和现实性，以及应对气候变化行动的紧迫性、复杂性和艰巨性，在国际气候谈判中发达国家和发展中国家、发达国家内部各国之间、发展中国家内部各国之间利益交错，难以形成共识。既要强调历史责任，又要考虑现实排放；既要考虑公平，又要追求效率；既要考虑减排潜力，又要考虑减排能力；既要考虑减排义务，又要照顾发展需求。总而言之，气候变暖具有全球化特征和历史性根源，非一时、一地、一国之问题，也非单纯的气候问题，更非一般的环境问题，适应与减缓气候变化必须从科学、技术、经济、政治、社会、外交等多方面做出努力。

影响国际气候谈判进程的因素涉及政治意愿、经济利益和科学认知三个方面，而三者又是相互联系和相互影响的。政治意愿取决于对经济利益的判断，而经济利益又需要有坚实的科学基础。

从长远看，低碳经济和中国的可持续发展目标是一致的。低碳经济在国际上仍属新生事物，面临诸多发展困难和挑战。

中国目前正处在工业化中期阶段，重化工工业化特征非常明显。这一特征意味着中国在较长一段时间内不可避免地要大量消耗能源和资源。考虑到经济发展的阶段特征、贸易地位、能源禀赋条件、能源效率状况、技术研发能力、国际技术环境等方面的因素，中国要在短期内大幅度控制温室气体排放，走向低碳经济，其难度与挑战是可想而知的。

总之，"低碳经济"问题因气候变化问题而起，又直接指向气候变化。从长期看，低碳经济概念符合全球环境利益和人类可持续发展要求，也迎合了发展中国家对经济发展的关注。但实际上，低碳经济是建立新的气候变化制度框架的"敲门砖"。对于广大发展中国家来说，低碳经济是一把"双刃剑"，面临机遇，更面临挑战。

(三) 低碳经济的概念

一般而言，对低碳的理解可以分为三种情形：第一种情形是温室气体排放的增长速度小于国内生产总值（GDP）的增长速度；第二种情形是零排放；第三种情形是绝对排放量的减少。实现以上三种情形低碳发展的前提条件是经济正增长。对于英国等发达国家来说，追求的目标应该是绝对的低碳发展；对于发展中国家而言，目标应该是相对的低碳发展。各国有多种方式来实现发展，而每种发展方式的碳排放情景往往存在差别。在给定大气中温室气体浓度的情况下，发展的路径、速度和规模会受到一定的硬性约束。通俗地讲，低碳经济就是为了实现公约的最终目标——"把大气中温室气体浓度稳定在防止气候系统受到威胁的人为干扰的水平上"，在保持经济增长的同时，减少温室气体排放。政府采取低碳经济政策的终极目标就是切断经济增长与温室气体排放之间的联系。

二、中国向低碳经济转型之路

自从 20 世纪 70 年代末实施改革开放以来，中国进入了一个经济高速增长的阶段，这一势头一直保持至今。与此同时，社会事业全面进步，人民生活水平持续提高，对能源的需求也不断增长。2008 年，中国能源消费量从 1978 年 5.7 亿吨标煤增加到 2008 年 28.5 亿吨标煤，增长了 5 倍①。

（一）中国能源消费和温室气体排放路径

中国长期以来坚持开源与节约结合、节约优先的能源方针，相比而言，能源需求的增长远远低于 GDP 的增长。

目前，中国是世界第三大能源生产国和第二大能源消费国，是世界最大的煤炭生产国和消费国、世界第三大石油消费国、世界第二大发电国。中国的能源需求和温室气体排放都将呈现增长态势。

中国是世界第二大温室气体排放国。中国有必要减缓温室气体排放。

（二）中国未来能源需求与温室气体排放驱动力分析

一般来说，能源需求与温室气体排放的主要驱动力包括人口、社会和经济发展、技术进步，以及自然资源和环境保护的制约等。能源需求是社会经济发展、经济结构变化、技术进步、节能政策和实施效果、能源结构等多方面因素共同作用所得到的结果。不同的经济发展道路和政策取向，对能源需求和碳排放有显著影响。

第一，人口增长。中国是世界上人口最多的国家。城市化进程的加快伴随着一系列重大的变化，如就业压力、消费方式和大规模基础设施建设等，在未来的几十年中都将给中国带来巨大的挑战。

---

① 庄贵阳：《低碳经济气候变化背景下中国的发展之路》，气象出版社 2007 年版。

第二，工业化水平。工业化无疑是一个历史范畴的概念，它是指传统农业社会向现代化工业社会转变的过程，是推进现代工业在国民经济中占主要地位的过程。工业化进程主要表现为工业生产量快速增长，新兴部门大量出现，高新技术广泛应用，劳动生产率大幅度提高，城镇化水平和国民消费层次全面提升。经典的工业化理论认为，工业化是一个国家或一个地区随着工业发展，人均收入和经济结构发生连续变化的过程，人均收入的增长和经济结构的转换是工业化推进的主要标志。在工业化的初级阶段，也就是轻工业为主的阶段，以农业产品如粮食、棉花等为主要原材料，对能源的消耗不是很大。在工业化发展加速阶段即重工业化阶段，钢铁、汽车、造船、机械工业的发展以及大规模的城市化需要消耗大量的物质材料和能源。而后工业化时期，由于大规模的城市改造和基础建设告一段落，主要发展高新技术产业和服务业，能源消耗就会渐渐平稳甚至回落。

第三，城市化水平。中国正处在快速工业化和城市化进程之中，城市化进程与工业化是紧密联系在一起的。预计到 2020 年，中国 56% 以上的人口将生活在具有现代经济、文化生活和能源服务的城镇里。城市化进程将推动服务业、交通运输业加速发展，第三产业的发展速度将超过第二产业。相应的建筑物和设施建筑面积将成倍增加。城乡居民的人均住房面积将进一步提高，采暖、空调、热水等基本普及，舒适度有明显的提高。小汽车进入越来越多的家庭，相应的交通燃料需求将增长数倍。

第四，国际分工。随着经济全球化，中国与世界经济一体化的程度越来越高，并且中国经济高度依赖于国际贸易。中国正成为世界最主要的制造业基地。由于中国处于国际分工体系中的较低端，大部分的进口是高附加值的产品和服务，而出口则主要是能源密集的制造业生产的产品。同样，进口商品内含能源的强度通常低于出口商品，这导致国际贸易相关的能源需求不对称。在这种进出口结构下，随着大量"中国制造"产品走向世界，在满足了各国消费者需求的同时，中国也间接出口了大量能源。

第五，技术进步。技术进步对中国能源消费具有双重作用：一方面，技术进步提高了能源利用率，改善了中国的能源结构，降低了能源消费强度；另一方面，技术进步在降低能源消费强度的同时，也促进了中国经济规模的快速扩大，导致能源消费总量快速增加。因此，技术进步对能源消费总量的影响，是由技术进步带动经济规模扩大而带来的能源消费增加，与技术进步引起的能源利用效率提高而带来的能源强度降低共同作用的结果。总体来看，技术进步引起的经济增长的速度和经济增长的基数都比较大，而同期能源强度的降低相对不可能太大。

第六，资源禀赋。在中国，"富煤贫油少气"的能源资源特点，决定了我国能源生产和消费以煤为主的格局将长期难以改变。尽管可再生能源的利用规模不断扩大，但它仅仅是降低了煤炭在未来中国能源结构中的比重。在可预见的将来，还将主要依赖于矿物能源，尤其是煤炭。这意味着中国必须应对矿物能源燃烧产生的一系列环境问题，包括温室气体的排放、大气污染、酸雨和气候变化等。

总而言之，中国通过经济增长实现全面小康社会建设目标的决心和努力，是推动未来10～15年中国能源需求和排放增长的主要驱动力。虽然技术进步降低了能源强度，但矿物能源禀赋又制约了中国能源多样化的效果。中国是一个发展中国家，正处于实现工业化和推进现代化的历史时期，客观地讲，随着经济规模进一步扩大，工业化、城镇化进程加快，居民消费结构升级，中国能源需求会持续增加。国际经验也表明，就某一国家的能源消费而言，其消耗数量曲线呈倒"U"型，目前中国能源消费正处于倒"U"型的爬坡阶段。

（三）中国能源安全及资源环境挑战

中国工业化进程面临着前所未有的机遇和挑战。进入21世纪以来，中国工业已进入新一轮急速扩张周期。随着城市化进程的加速，基础设施建设如火如荼，电力建设、高速公路建设、港口建设、通信网络建设等，刷新了先行工业发达国家的增长速度和绝对增长数量。全球化进程的加速、国际贸易大国地位的确立又刺激了中国重工业化进程。工业化进程不仅对中国的能源供给安全提出挑战，随之而来的环境污染和资源消耗也成为发展的制约因素。

三、低碳经济的科学抉择

中国正处于快速工业化和城市化进程之中。近年来，中国 GDP 增长大约占全世界的 10%，而同期能源消费增长却占全世界的 27%，温室气体排放量增长占全世界的 34%①。中国能源消费和温室气体排放的净增长趋势显示，中国有必要减缓温室气体排放。能源供给和能源安全已经成为限制中国工业化的主要制约因素。减少温室气体排放在一定程度上有助于发展目标的实现。因此，中国需要在未来 20～50 年间，在工业化发展和温室气体减排之间进行平衡。中国的选择只能是继续化压力为动力，走低碳经济发展道路。

多年来，中国通过控制人口增长、提高能源利用率和优化能源结构，为全球的温室气体减排做出了巨大贡献。积极的退耕还林和植树造林，也从碳汇角度产生了积极效果。中国政府将继续推进这些政策和措施。但是面对中国工业化进程中巨大的能源需求，即便有这些政策，也还是不够的。面对能源资源短缺、环境恶化的严峻现实，中国明确提出控制温室气体排放的战略决策。温室气体减排，为中国建设节约型社会提供了一个良好的契机。

（一）中国发展目标与生态目标的矛盾与统一

发达国家应率先对付气候变化及其不利影响。所有国家特别是发展中国家需要得到实现可持续的社会经济发展所需的资源；发展中国家为了迈向这一目标，其能源消耗需要增加，尽可能在保证经济和社会效益的条件下通过应用新技术来提高能源效率和控制温室气体排放。

发展中国家在发展过程中将越来越受到碳排放的约束。虽然发展中国家现在的碳排放还不受约束，但气候变化的威胁意味着不加限制的排放最终将

---

① 蒋虹、张东明、林少平：《低碳经济时代发电行业的发展形势与对策》，载《环境污染与防治》2010 年第 4 期。

成为它们长期经济发展的制约因素。发展中国家当前最紧迫的需求是发展，似乎气候变化还不是一个迫切需要解决的问题，但发展中国家对生存甚至繁荣的基础——自然资源和生态系统的依赖性更强，实际上受气候变化的负面影响更大，更容易受到威胁。因此，在发展中国家，发展需求和气候变化约束之间的关系经常处于紧张状态。

到目前为止，多数限制发展中国家碳排放的方案定位在制定各种定量化的温室气体排放目标，通常以"自上而下"的方式决定各国的减排义务。这些方案由于缺乏对发展中国家发展需求的明确考虑，所以发展中国家认为是对他们经济发展的潜在约束。尽管强调国内发展目标和气候保护相结合的理念，但是现有的气候协议并没有在政策层面系统地推进整合气候变化目标和发展目标。

发展是发展中国家政策制定者优先考虑的内容，所以在发展优先基础上制定应对气候变化政策对那些利益相关者来说更具吸引力。从发展目标出发，然后描述应对气候变化的路径是许多发展中国家最容易接受的方式。如果这样的方法成功地改变了发展路径，那么气候收益就是实质性的。相对于明确的减排措施，一个国家采取的发展路径类型在长期减排方面更为重要。

（二）从交通看中国发展目标与生态目标的融合

交通行业是国民经济的重要基础产业。交通运输行业作为主要的终端用能部门之一，各种运输工具或设施通过对能源的消耗，驱动相应的运输工具来完成运输活动，实现人或物有经济目的的位移。伴随着中国工业化和城市化进程的加快，各种运输方式承担的客货运输量大幅增长。随着中国客货运输量的增长，交通运输业能源消耗逐年上升，成为中国能源消耗增长最快的行业之一。交通能耗的迅速增长带来的能源安全和环境污染问题日益突出，交通节能任务十分艰巨。

道路交通是各种交通方式中机动性最强、覆盖面最广的交通方式。自20世纪90年代以来，随着中国社会经济持续快速增长，公路基础设施条件不断改善，对公路运输的需求持续增长。同时，城市化进程的加快也使城市道路交通需求呈现快速增长态势，直接表现为私人机动交通工具拥有量激增。作为世界上经济发展最快的国家，中国的机动车拥有量和使用迅速增加，在获得交通便利和经济效益的同时，也带来了不少令人沮丧的"副产品"，成为导致社会"不和谐"的因素：一是中国进入道路安全事故高发期；二是给中国的能源安全、环境造成沉重压力；三是造成交通拥堵，增加了全社会的出行成本。一个可持续的交通体系应该在满足私人汽车日益增长的需求的同时，而不损害从交通便利中得到的经济和福利。中国政府制定了各种与交通和燃料使用相关的政策和管理规定，目的在于提高城市空气质量，减少交通拥堵，提高交通能源效率。同时，这些政策也为了促进汽车工业发展和国内汽车消费。对中国的挑战是如何协调这些问题之间的关系。

第一，汽车工业的支柱地位。

第二，节约交通能源。

第三，减少环境污染。

第四，优先发展城市公共交通。

（三）中国低碳经济的实现途径

中国作为一个负责任的发展中大国，为推进低碳经济的发展，可以采取以下有效途径：第一，调整能源结构。第二，提高能源效率。第三，调整产业结构。第四，遏制奢侈消费。第五，发挥碳汇潜力。第六，加强国际经济技术合作。

第三节 转型发展对山西的意义

山西省在实现转型发展过程中，必须处理好的问题主要是过度依赖资源的问题。而这背后的原因并不单一，历史的责任我们不能否认，如今政府的调控也得到更多人的重视。因此，转型发展对于山西具有十分深远的意义。

一、历史中总结出的经验教训

挤出效应是一种效果，是指政府通过增加支出，带动私人消费提升或投资降低。山西省由于长期以来的发展战略严重倾向于能源重工业化，导致其煤炭等重工业发展兴盛，而其他产业完全没有发展起来。在 20 世纪 80 年代，像"古城"和"杏花村"这样牌子的产品逐渐崭露头角，这标志着轻工业在山西的发展。山西省能有一批这样的轻工业名牌产品实属不易。然而，90 年代以后，除了刚才提到的两个牌子我们还熟知，像"海棠"和"春笋"这样的品牌有很多都到了衰竭期。历史上对山西重工业的重视以及政策单一是这一现象产生的主要原因。经济结构单一就会受市场波动的影响，整体经济的发展也就容易受到影响。我们不能只看到全国能源在需求旺盛时，山西经济大步发展的幻象，更需要认识到在整体需求不足时，山西经济发展所受到的具体影响。

二、突破山西发展瓶颈的内在要求

转型发展其战略性意义在于山西省的特质，即典型的资源型地区以及面临的巨大资源、环境和生态压力。加之由于经过几十年的高强度资源开发，各类资源已越来越少，这种情况下山西省只有通过转型发展才能保证可持续发展顺利开展，否则山西的经济和环境总有超过负荷的一天，兴荣也只是短时的，最终会直接影响山西前进的步伐，而山西的前途也将面临严重的危机。

解决山西省发展难题唯一的途径就是走经济发展转型道路，走"高节能、低排放"的道路，从单线经济发展为循环经济，创新发展改变原有粗放模式和单一的结构，建立一种新的调控机制——环境补偿机制。只有建设低污染、高效率的产业模式，才有可能缓解山西资源、环境压力，最大程度走出山西发展的困境。

三、确保国家能源和经济安全的必然选择

能源对于国家来说意义重大，他不是简单的经济问题，长远讲，大到国家的军事政体安全，小到每一个人的安全都离不开能源，能源的每一次变动都与一个国家的发展息息相关。中国的石油储量不如东欧、天然气储量相对更差，很大程度上依靠进口，但煤炭资源却相对丰富，是最可靠、廉价和有效利用的能源，因此山西省通过对其资源型地区有效的转型发展，改进其资源发展模式，将是确保国家能源和经济安全的重要保证。

山西省政府着力于生态责任，加强政府宏观调控，真正做到"高节能，低排放"，同时充分考虑山西的长远发展。

第四节　转型发展对山西提出的要求

转型发展是世界潮流、时代主题，是中国改革发展新阶段最鲜明的特征之一，是"新常态"下加快经济发展方式转变、在深水区推进改革的利器，也是资源型地区摆脱"资源诅咒"，实现经济持续健康发展、社会持久、和谐安定的必然选择。因此，转型发展对山西提出了更高的要求。山西必须积极应对新常态，通过可持续发展、结构调整、发展民营经济、自主创新和金融创新、开发人力资本等，加快推动经济转型升级发展。

一、深化供给侧结构性改革，做好煤与非煤产业协调发展

山西省的转型发展，煤炭是重中之重，也是难中之难。煤炭未来发展的竞争力将取决于煤炭资源使用效率的提升以及低碳型发展模式的选择。要抓住市场倒逼的历史机遇，深化供给侧结构性改革，落实"三去一降一补"重大任务，优化资源配置，化解过剩产能，坚定实施煤炭革命，推动煤炭产业转型升

级。在比较优势基础上有效整合资源，加快改革创新管理体制，积极转变生产和销售观念，努力开发并推广煤炭相关技术创新，推动煤炭清洁高效利用。实施再重组战略，组建能源综合管理部门，深化煤炭市场改革等。

推动产业结构优化升级，积极发展新兴产业，抓住国际国内产业转移的外部机遇，加快山西装备制造业的转型发展。实施智能制造工程，促进新一代信息通信技术、先进轨道交通装备、节能与新能源汽车、新材料、生物医药等产业发展壮大。大力培育发展光伏发电、风电、水电和生物质发电等新能源产业等。加快信息化建设，实现信息化与工业化融合。加快发展现代服务业，促进服务业优质高效发展。

二、深化国有企业改革和发展民营经济

煤炭企业是煤炭经济活动的市场主体，山西转型发展的关键之一是国有煤炭企业改革。深化国有煤炭企业改革要解决管理体制上的弊端，实现政企分开、政资分开，以政府权力的"减法"换取市场活力的"加法"，以优良的政务环境护航企业发展。深化管理体制改革，推进煤炭资源配置市场化改革，完善煤炭规划科学管理的新模式。加快现代企业制度建设，推动国有煤炭企业加快现代企业制度建设，提高企业法人治理水平，健全公司法人治理结构。

山西经济长期欠发达的主要原因在于民营经济的孱弱。要进一步放开民间投资领域，推动全领域、全产业链向民间资本开放。积极推广政府与社会资本合作建设模式。坚持公平公正的服务理念，对民营企业与国有企业一视同仁。增强民营经济发展活力，全面梳理落实已有政策，形成完善的政策体系。开展"送政策进民企"活动，加大面向民营企业的政策解读和宣传。

三、实施创新驱动发展战略

中国第十三个五年规划纲要中明确提出："破解发展难题，厚植发展优势，必须牢固树立创新、协调、绿色、开放、共享五大发展理念"。引领五大发展

的第一动力是创新发展。因此，山西经济要实现转型发展也必然走创新发展之路。努力通过创新驱动，破解"一煤独大"的经济结构性问题。抓住供给侧结构性改革的有利契机，创新发展顶层设计。规划和实施一批重大科技创新项目，加大重点领域的科技攻关，形成科技攻关合力。大力推动"大众创业、万众创新"，让千千万万创业者活跃起来。通过科技创新激发出资源型经济新的生机和活力，促进产业结构转型升级，实现转型发展。

四、加大人才培育和引进力度

人尽其才，物尽其用。人才是推动山西转型发展的重要支撑。加强人才资源开发和人才队伍建设，有侧重点地增加教育投资，依托当地高校努力培养一批高素质人才。积极争取国家人才计划支持，为引进人才提供所需要的研发条件、项目资金和生活保障。充分利用多种渠道，鼓励各类创新实践基地建设，通过搭建平台，吸引高层次人才来晋创新创业。建立健全更为灵活的科研人才及团队双向流动机制。完善人才创新创业的保障机制、奖励制度等。

五、全面深化改革，加强制度建设

资源定式造成产业定式，产业定式造成思维定式，思维定式又不可避免地造成了体制机制定式。长期以来，山西在体制机制上形成了资源依赖模式下的制度体系。转型发展的巨大潜能蕴藏在制度变革之中。当前，山西改革发展正处于重要的历史关头，中央一再指出，要重视建章立制，注重建立长效机制，严格规范权力行使，把权力关进制度的笼子。一种好的制度的建立能及时传递信心和正能量，更能让执行者有据可依。因此，山西要实现转型发展，必须从法律层面加快建章立制的步伐，通过完善的制度建立新型的政商关系，将法治建设情况纳入全省经济社会发展评价指标体系，强化法治建设工作考核。

第二章
品牌及品牌建设基本理论

市场在经历过数量之争、品质之争、服务之争以后，必然进入到品牌之争，品牌将成为企业赢得市场竞争的法宝。企业要想掌握自己未来的命运，获得长期生存和发展的能力，就必须以品牌为中心开展营销活动。品牌必将成为21世纪出现频率最高的词汇之一。

第一节　品牌概述

一、品牌的概念和特征

（一）品牌的概念

品牌具有多维属性，可以从多角度来解释。将品牌符号作为一个品牌应有的、基本且必要的内涵，将品牌个性作为差异化以及区分顾客的喜好和用途的一个重要手段，将品牌关系作为品牌价值得以实现的基础，将给顾客提供方便作为重要的品牌价值来追求。综合以上定义之所长，我们对品牌的定义如下：

品牌（Brand）是一种名称、标识、术语、符号或设计，或是这些载体的组合运用，其目的是借以辨别某种销售者或某群销售者的产品或服务，并使之与竞争对手的产品和服务区别开来，增值的源泉来自消费者心智中形成的关于其载体的印象。

（二）品牌的特征

1. 内涵特征

广泛意义上的品牌包括六个层面的内涵特征，它们分别为属性、利益、价值、文化、个性和使用者。

（1）属性。品牌是一个名称、术语标记、象征或设计，或它们的联合体，目的在于确定一个卖方或一群卖方的产品或服务，并将其与竞争者的产品或服务区分开来。

品牌首先使人们想到某种属性，如奔驰意味着昂贵、做工精湛、马力强大、高贵、转卖价值高、速度快，等等。

（2）利益。顾客购买的是利益。产品或服务需要转换成功能和利益，尤其是给购买者带来利益，所以品牌需转化为成功性或情感性的利益。

（3）价值。品牌是由5个价值组成的链：质量、创新、金钱价值、乐趣和挑战的感觉。品牌还体现该制造商的某些价值感，如奔驰代表着高绩效、安全、社会地位、财富和其他东西。

（4）文化。文化差异是品牌的基础。耐克、可口可乐、西尔斯代表美国；奔驰体现德国人的秩序高于一切、高度组织、效率和高质量的价值观念，所以可以说，国家也是品牌的文化根源。同时文化又把品牌与企业连在一起，雀巢体现着典雅的情趣和品位，这与雀巢公司的总体形象是分不开的。再如品牌家电、品牌汽车、品牌酒等产品，都给人以安全感、舒适感、设计美感等。

（5）个性。品牌也反映一定的个性。个性体现品牌的情感性价值观，是一种特别独立的态度。换句话说，品牌可以使一个产品更有个性、更有魅力、更令人难忘，并且，它可以变成一种表达使用者身份、地位和体现自我价值的标志。

（6）使用者。品牌暗示了购买或使用产品的消费者类型。对品牌的态度也反映了我们自身的价值，换句话讲，品牌可以为其使用者提供一种进行自我设计的方式。

2. 品牌的特性

（1）非物质性。品牌本身不具有独立的物质实体，是无形的，但它以物质为载体，是通过一系列物质载体来表现自己的。直接载体主要有图形、品牌标记、文字、声音；间接载体主要有产品的价格、质量、服务、市场占有率、知名度、美誉度等。

（2）资产性。品牌是企业的一种无形资产。品牌所代表的意义、个性、品质和特征具有某种价值。这种价值是我们看不见、摸不到的，但却能为品牌拥有者创造大量的超额利益。很多年来可口可乐的品牌价值就是其有形资产的好几倍，创造的利润也是其有形产品创造利润的好几倍。所以，可口可乐公司原总裁伍德拉夫曾说：即使可口可乐公司在一夜之间化为灰烬，仅凭可口可乐这块牌子，公司就能在很短时间内恢复原样。这完全是可能的。

（3）专有性。品牌具有明显的排他专有性。品牌代表一个企业在市场的形象和地位，是企业进入市场的一个通行证，是企业和市场的桥梁和纽带。从某种意义上说，品牌是企业参与市场竞争的法宝、武器和资本。同时品牌属于知识产权的范畴。企业有时通过保密和企业保护法来维护自己的品牌，有时通过在国家有关部门登记注册、申请专利等形式保护自己的品牌权益，有时又借助法律保护并以长期生产经营服务中的信誉取得社会的公认，如品牌名称、标志，这些都有力地说明了品牌具有专有性。

（4）竞争性。品牌是企业参与市场竞争的工具。在产品功能、结构等因素趋于一致的时代，关键是看谁的品牌过硬。拥有品牌的企业，就能在未来竞争中处于有利的位置，留住老顾客，开发大量潜在消费者，树立起良好的品牌形象，提高市场覆盖率和占有率，赢得更大的利润和效益。在品牌分割市场份额时，意大利巴莱多定律也适用，即 20% 的强势品牌占有 80% 的市场份额，20% 的品牌企业为社会提供 80% 的经济贡献率。

（5）忠诚性。现代市场竞争，从某种意义上说，就是品牌竞争。斯蒂芬曾说过，"产品是工厂所生产的东西，品牌是消费者所购买的东西"。许多消费者购买的是品牌，而不是产品，他们往往会根据自己的消费体验来指导品牌购买，甚至没有他们指定的品牌就不购买。如有些消费者喝饮料，就喝可口可乐，其他饮料一概不喝。品牌是赢得消费者重复购买、大量购买的"魔力"，强势品牌比起一般品牌更具有影响力。强势品牌可以影响人们的生活态度和观点，可以影响社会风气。

二、品牌的构成要素

品牌构成的显性要素是品牌外在的、具象的东西，可以直接给消费者带来较强的感觉上的冲击，主要包括品牌名称、标志与图标、标记、标准字、标准色、品牌包装、品牌广告、广告曲调等。品牌的 LOGO 和相关案例可以在相关的研究中得到很详细的案例剖析。

(一) 品牌构成的外显要素

1. 品牌名称

品牌名称是一个基本且十分重要的构成要素，它简洁地反映了产品的中心内容。品牌名称不仅能将产品本身的内容加以概括，而且还反映了企业的经营理念、价值观念、文化等。它在整个品牌中起着提纲挈领的作用，是消费者记忆品牌和品牌传播的主要依据。

2. 标志与图标

标志与图标是品牌用以激发视觉感知的一种识别体系，它能给人以更具体、更清晰的形象记忆，帮助消费者更好地识别和记忆品牌。如果说品牌名称是品牌的核心要素，那么标志与图标就是品牌建设的关系要素。

3. 标记

标记是品牌图标的一个特殊类型，它不但具象，而且往往取材于现实生活。标记通常是通过广告推出的。在广告和包装设计中，标记起着非常重要的作用。

4. 标志字

标志字是品牌中可以读出来的文字部分，它常常是品牌的名称或企业的经营口号、经营理念、广告语等。

5. 标志色

标志色是指用以体现自我个性以区别于其他产品的色彩体系。它一般选用鲜明的色彩，将喻悦的、欢快的、活力的、积极向上的情绪传达给消费者。

6. 标志包装

标志包装是指具体产品的个性包装。

7. 品牌广告

品牌广告是指具体产品或品牌形象的个性广告，以树立产品品牌形象、提高品牌的市场占有率为直接目的，突出传播品牌在消费者心目中确定的位置。

8. 广告曲调

广告曲调是指用独特音乐的形式描述品牌。通常由职业作曲家创作，曲调与产品理念相互和谐，其朗朗上口的旋律与和声往往伴随着广告语长久地留在听众的脑海中。

（二）品牌构成的内在要素

品牌构成的隐性要素是品牌内含的因素，不可以被直接感知，它存在于品牌的整个形成过程之中，是品牌的精神与核心。它包括品牌承诺、品牌个性、品牌体验和品牌文化几个部分。

1. 品牌承诺

企业生产者要对消费者做出产品质量、产品理念等承诺。一个品牌对消费者而言是一种保证，企业生产者要始终如一地履行他们的诺言。产品本身不可能保持不变，许多优秀的品牌都是在不断变化的，但仍受消费者喜爱，那是因为企业生产者是随着消费者需求的变化将产品变化了，而灌注在产品中的经营理念、价值观始终保持稳定一致。

货真价实重品质，并始终如一遵守承诺是品牌的生命。如汇源果汁承诺100%天然果汁、戴尔承诺快捷的个性化设计和服务、海尔承诺"零缺陷"产品、高露洁承诺没有蛀牙等。

2. 品牌个性

品牌个性也就是品牌的"风格"。有风格的品牌才能在众多同类品牌中脱颖而出，如万宝路体现阳刚硬朗的风格；微软体现积极、进取、自我；红豆的相思、多情；人头马的高贵、高雅；优乐美的浪漫等。

正如每个人都有自己的人格一样，每个品牌也应该有它自己的"风格"，品牌不同于商标，它不仅是一种符号，更是一种个性的展现。品牌有五大个性要素：纯真、刺激、称职、教养和强壮。将品牌个性化更容易使消费者接近并接受这个品牌。企业创造了品牌的个性，而这种个性带来的相关情感暗示满足了不同消费者的需求，从而更好地使品牌与消费者建立良好的关系。通常，相对于那些死气沉沉、毫无个性的产品而言，绝大多数消费者还是愿意与那些有灵性、有情感、有个性的品牌打交道的。

3. 品牌体验

品牌体验具体是指消费者消费经验的总和，会形成消费者的评价，影响消费者对某品牌的忠诚度。

消费者是品牌的最后拥有者，也是最直接、最严格的产品体验者和检验者。在品牌的整个形成和发展过程中，消费者扮演了一个重要把关人的角色，他们对品牌的信任、满意、肯定等正面情感，直接提高了他们对产品的忠诚度与支持度，这能够使品牌历久不衰；而他们对品牌的厌恶、怀疑、拒绝等负面情感，则降低了他们对产品的信心，必然使品牌受挫甚至夭折。使用一个品牌的主观经验不同于使用同类没有承诺的产品，很明显的例子就是人们往往喜欢挑选一些市场占有率高的品牌，但若面对同样两种没有标志的品牌时，消费者的消费倾向就不够明确了。所以，品牌确实能改变人们对产品的感情，而这些感情所导致的消费行为往往会形成一种无形的价值。

4. 品牌文化

品牌文化是指通过赋予品牌深刻而丰富的文化内涵，建立鲜明的品牌定位，并充分利用各种强有效的内外部传播途径形成消费者对品牌在精神上的高度认同，创造品牌信仰，最终形成强烈的品牌忠诚。品牌文化是品牌在经营中逐步形成的文化积淀，代表了企业和消费者的利益认知、情感归属，是品牌与传统文化以及企业个性形象的总和。与企业文化的内部凝聚作用不同，品牌文化突出了企业外在的宣传、整合优势，将企业品牌理念有效地传递给消费者，进而占领消费者的心智。品牌文化是凝结在品牌上的企业精华。

品牌文化的核心是文化内涵，具体而言是其蕴涵的深刻的价值内涵和情感内涵，也就是品牌所凝练的价值观念、生活态度、审美情趣、个性修养、时尚品位、情感诉求等精神象征。品牌文化的塑造通过创造产品的物质效用与品牌精神高度统一的完美境界，能超越时空的限制带给消费者更多的高层次的满足、心灵的慰藉和精神的寄托，在消费者心灵深处形成潜在的文化认同和情感眷恋。

三、品牌的分类

品牌可以依据不同的标准划分为不同的种类。

（一）根据品牌知名度的辐射区域划分

根据品牌知名度的辐射区域划分，可以将品牌分为区域品牌、国内品牌、国际品牌。

1. 区域品牌

区域品牌是指在一个较小的区域之内生产销售的品牌，例如，地区性生产、销售的特色产品。这些产品一般在一定范围内生产、销售，产品辐射范围不大，主要是受产品特性、地理条件及某些文化特性影响，这有点像地方戏中秦腔主要在陕西，晋剧主要在山西，豫剧主要在河南等现象。

2. 国内品牌

国内品牌是指国内知名度较高，产品辐射全国，在全国销售的产品。例如家电巨子——海尔；香烟巨子——红塔山；饮料巨子——娃哈哈等。

3. 国际品牌

国际品牌是指在国际市场上知名度、美誉度较高，产品辐射全球的品牌，例如苹果、可口可乐、麦当劳、万宝路、奔驰、微软、皮尔·卡丹等。

（二）根据品牌产品生产经营的不同环节划分

根据产品生产经营的所属环节，可以将品牌分为制造商品牌和经销商品牌。

1. 制造商品牌

制造商品牌是指制造商为自己生产制造的产品设计的品牌。制造商品牌很多，如 SONY（索尼）、奔驰、长虹等。制造商品牌享有以下一些优势：

（1）促销优势。由于竞争导致的生存压力，使得拥有制造商品牌的生产企业不能忽视对促销的投入，而且往往注重在全国性的大型媒体上举行各种活动，这样可以减少商业企业对促销的投入。

（2）节省库存优势。现在很多制造商能够提供快速、便捷的送货服务，这样可以减少零售企业的库存，同时减少商业企业的资金占用。而商业企业在经营自有品牌的商品时，往往要使用大量的资金库存大量的商品，以保证不断货。

（3）减小风险优势。零售企业在经营制造商品牌时，如果由于产品质量不合格等导致消费者不满意，消费者首先对拥有这一品牌的制造商不满意。而自有品牌则和商业企业的联系更紧密，两者一荣俱荣、一损俱损，发展自有品牌对商业企业而言，风险更大。

（4）名牌优势。商业企业也可以利用制造商的名牌优势来吸引消费者，在当前大多数自有品牌的名牌效应不明显的情况下，商业企业更应运用制造商的名牌优势来吸引消费者。

2. 经销商品牌

经销商品牌是经销商根据自身的需求和对市场的了解，结合企业发展需要创立的品牌。如西尔斯、王府井等。

（1）价格优势。一般而言，商业企业经营经销商品牌产品可以获得更大的利润空间。这是由于一方面零售企业可以直接找到具有过剩生产能力的生产商为之生产商品，从而省去中间环节，节省交易成本，获得较低进货价格；另一方面由于自有品牌的商品只放在零售企业连锁店内部销售，其价格不像全国性的知名制造商品牌一样具有可比性，消费者对自有品牌商品的价格敏感性不强，因而降价压力不大，使得定价空间比较大。

（2）陈列位置优势。经销商品牌商品往往陈列于货架的有利位置，便于消费者发现和索取商品；同时，经销商品牌商品与同类制造商品牌商品并列摆放，更能突出其价格优势。

（3）独占优势。对制造商品牌而言，商业企业很难实现独占。制造商往往会把其制造商品牌商品放在很多零售店里销售。经销商品牌可以通过商标注册寻求法律保护，从而形成独占优势，而高品质的自有品牌商品更能形成独占的差别优势。

（4）特色优势。中国大型商业企业普遍存在着市场定位模糊、"千店一面"的现象，造成这种现象的一个重要原因就是商业企业仅依赖制造商品牌进行经营。创建经销商品牌可以使商业企业拥有独家产品，让这些品牌成为此店区别于彼店的重要标志，以体现自己的经营特色。

（三）根据品牌来源划分

依据品牌的来源可以将品牌分为自有品牌、外来品牌和嫁接品牌。

1. 自有品牌

自有品牌是企业依据自身需要创立的，如本田、东风、永久、摩托罗拉、全聚德，等等。

2. 外来品牌

外来品牌是指企业通过特许经营、兼并、收购或其他形式而取得的品牌。例如，联合利华收购的北京京华、中国香港迪生集团收购的法国 S. T. Dupont。

3. 嫁接品牌

嫁接品牌主要指通过合资、合作方式形成的带有双方品牌的新产品，例如，琴岛—利勃海尔。

（四）根据品牌的生命周期划分

根据品牌的生命周期来划分，可以分为短期品牌、长期品牌。

1. 短期品牌

短期品牌是指品牌生命周期持续较短时间的品牌，由于某种原因在市场竞争中昙花一现或持续一时。

2. 长期品牌

长期品牌是指品牌生命周期随着产品生命周期的更替，仍能经久不衰、永葆青春的品牌。例如，历史上的老字号，全聚德、内联升等。也有些是国际长久发展来的世界知名品牌，如可口可乐、奔驰等。

按品牌的生命周期还可分为：新品牌、上升品牌、成熟品牌、衰退品牌。

（五）根据品牌产品针对市场划分

依据产品品牌是针对国内市场还是国际市场，可以将品牌划分为内销品牌和外销品牌。由于世界各国在法律、文化、科技等宏观环境方面存在巨大差异，一种产品在不同的国家市场上有不同的品牌，在国内市场上也有单独的品牌。品牌划分为内销品牌和外销品牌对企业形象整体传播不利，但由于历史、文化等原因，不得不采用，而对于新的品牌命名应考虑到国际化的影响。

（六）根据品牌的原创性与延伸性划分

根据品牌的原创性与延伸性可划分为主品牌、副品牌、副副品牌。如海尔品牌下现在有海尔冰箱、海尔电视、海尔空调……海尔洗衣机中又分海尔小神童、海尔节能王，等等。另外也可将品牌分成母品牌、子品牌等，如宝洁公司的海飞丝、飘柔、潘婷，等等。

（七）根据品牌的主体特征划分

根据品牌的主体特征可将品牌划分为个人品牌、企业品牌、城市品牌、国家品牌、国际品牌等。如刘晓庆、姜文、张艺谋、王楠等属于个人品牌，哈市冰雪节、宁波国际服装节、CBD节等属于城市品牌，金字塔、万里长城、埃菲尔铁塔、自由女神像等属于国家品牌，联合国、奥运会、国际红十字会等属于世界级品牌。

（八）按品牌产品在市场上所处的地位划分

根据品牌产品在市场上所处的地位划分为领导型品牌、挑战型品牌、追随型品牌和补缺型品牌。大多数行业都有一个最强势的品牌，其知名度最高，占有的市场份额最大，具有公认的领导地位，这就是领导型品牌，如可口可乐、微软、宝洁、吉列、麦当劳等；挑战型品牌紧跟领导型品牌后面，如百事可乐、富士、联合利华、肯德基、福特等；追随型品牌是追随市场领导者的品牌。又可分为仿制者、紧跟者、模仿者和改变者四类；补缺型品牌就是专营强势品牌不屑于做的、忽略的或盲点业务，其主要任务是满足补缺。它一般比较专业，市场空间小，竞争对手少，但利润空间较大。

此外，品牌按价格定位档次不同，可划分为大众品牌、高档品牌和奢侈品品牌；按品牌价值指向不同，可划分为功能价值品牌和精神价值品牌；按品牌用途不同，可划分为生产资料品牌和生活资料品牌，等等。

第二节　品牌建设基本理论

一、品牌与产品

与品牌密切相关的是产品，产品与品牌存在着诸多联系，其实品牌的塑造过程就是消费者通过对产品的了解、认同到对品牌产生情感的过程。品牌需要优秀的产品来支撑，产品需要品牌来塑造形象。具体来说，两者存在以下关系。

（一）两者的区别

1. 产品是具体的实物存在，而品牌是抽象的情感认知

产品是具体的实物存在，看得见，摸得着，可触摸，可感觉，有它的具体功能，能满足消费者的使用需求。如汽车可以代步，食物可以充饥，衣服可以御寒、蔽体等；而品牌是抽象的情感认知，是消费者对某产品使用后的一切感受，表现为消费者的情绪、认知、态度和行为等，如该产品是否有自己的个性、是否值得信赖、是否具有价值感、满意度如何，等等。

2. 产品是载体，而品牌是精神

品牌是以产品为载体的，产品是品牌的物质基础。产品不一定必须有品牌，但每一个品牌必须有产品作为支撑。脱离了产品，品牌将是一座"空中楼阁"。而一种产品只有能够得到消费者的认可和信任，才能与消费者建立密切的联系。而品牌则被赋予某种人格化的个性、情感、形象、生活方式、价值观和社会地位等，提供给消费者购买的理由和保证。

3. 产品重在质量与服务，而品牌贵在传播

产品产生于车间，产品的质量、功能和服务是关键，只有过硬的质量，才能赢得消费者的认同；品牌产生于营销，直接关系着消费者使用的满意度和获得的价值，重在质量与服务。品牌产生于营销，传播是关键。品牌的传播贯穿于品牌与消费者沟通的所有活动和环节中，需要企业的经营者、品牌管理人员、营销人员、消费者以及漫长的时间来锤炼和打造，需要借助整合传播方式有效地传递给消费群体，消费者也需要一定时间来了解、感知和体会。

4. 产品会过时落伍，而成功的品牌会经久不衰

产品容易被模仿或复制，市场上同类同质产品琳琅满目，种类繁多，一不留神就会被替代。再则产品更新换代的速度很快，新产品的平均市场寿命越来越短，加速了产品的过时和落伍。而品牌是独一无二的，品牌的文化和精神一旦形成并在消费者那里得到认同，则可能经久不衰。事实上，市场上众多成功的品牌，正是因为它们的产品不断更新换代、推陈出新，才得以延续下来，永葆青春。

（二）两者的联系

第一，产品帮助品牌成长。品牌是在与产品的共振中、与消费者的互动中成长起来的。其中，产品是消费者最先、最直接感知的东西，对产品质量的高度满意是促进消费者对品牌认同和接受的基础。所以，优秀的产品能够带动品牌的成长。同时，品牌所宣称的理念要在产品中以消费者能够感知的方式体现出来，使消费者通过使用产品完成对品牌的体验和认知，从而逐渐地接受品牌，促进品牌成长和价值提升。例如，当初海尔高质量的冰箱产品帮助其树立了令人信赖的品牌形象；沃尔沃轿车在安全设计方面的无微不至托起了"沃尔沃"始终安全的品牌形象。

第二，品牌为产品服务。品牌是市场竞争的武器，要为产品打开市场做贡献。品牌知名度越高，这种贡献就越大。因此，品牌其实是为自己的产品"打工"。品牌只能说有利于自己产品的话，做对自己产品有利的事。所以，品牌必须与具体产品紧密相连，保持高度一致。品牌如果不能为具体产品服务，不能帮助企业获得竞争优势，则如同空中楼阁，失去了所有价值和意义。例如，"娃哈哈"从儿童食品饮料起家，"喝了娃哈哈，吃饭就是香"的成功定位使娃哈哈品牌家喻户晓，从此，娃哈哈推出的系列产品一直得到了市场的追捧，大大促进了旗下产品的销售，提升了企业价值。

第三，产品品质是品牌核心价值的保证。产品品质即产品的质量，是产品能够满足消费者需要所具备的特性，包括产品的适用性、可靠性、安全性、经济性和使用寿命等。产品品质是一个品牌赖以生存的基础，是打造品牌核心价值的中心，是赢得消费者信赖的保障。没有产品品质作保障的品牌运作只能是无源之水、无本之木，是没有生命力的。最大限度地满足消费者的品质需求是扩大市场份额、赢得消费者品牌忠诚的关键所在。

二、品牌与商标

商标与品牌是两个不同的概念，或者说是不同地位、不同领域的概念，但极易混淆。在日常工作中，很多人把这两个术语混用、通用，甚至错误地认为标注了商标的符号就成为一个品牌。果真如此的话，那所有在工商局注册了的商标都可以称之为品牌了。

事实上，两者既有联系，又有区别。

商标与品牌并不能够画等号，两者是从不同角度指称同一事物，它们既有密切联系，又有所区别。生活中，很多人常常把这两个概念混淆，认为商标注册后就成了一个品牌。其实，注册商标要成为一个真正的品牌还要经历一个艰辛漫长的过程，就像修建万里长城。品牌（Brand）是一种名称、术语、标记、符号和设计，或是它们的组合运用，其目的是借以辨认某个销售者或某群销售者的产品或服务，并使之同竞争对手的产品和服务区分开来。而商标（Trade-mark）是指按法定程序向商标注册机构提出申请，经审查，予以核准，并授予商标专用权的品牌或品牌中的一部分，商标受法律保护，任何人未经商标注册人许可，皆不得仿效或使用。由此可以看出，品牌的内涵更广一些。

品牌起名字和标志设计只是品牌建立的第一个步骤，真正打造一个卓越品牌，还要进行品牌调研诊断、品牌规划定位、品牌传播推广、品牌调整评估等各项工作，还需要提高品牌的知名度、美誉度、忠诚度，积累品牌资产，并且年复一年，持之以恒，坚持自己的品牌定位，信守对消费者所做的承诺，使品牌形象深入人心，历久不衰。

商标是一个法律名词，品牌是一个经济名词。商标掌握在注册人手中，而品牌则植根于消费者心中。商标的所有权是掌握在注册人手中的，商标注册人可以转让、许可自己的商标，可以通过法律手段打击别人侵权使用自己的商标。但品牌则植根于广大消费者心中，品牌巨大的价值及市场感召力来源于消费者对品牌的信任、偏好和忠诚，如果一个品牌失去信誉，失去消费者的信任，就会变得一文不值。例如，秦池、春都就是因为产品质量问题，失去了消费者的信任，虽然风光一时，但最终难逃覆灭的厄运。所以说，品牌经营实质上是企业在消费者心中不断存储下去的、未来可以顺利拿回来的一大笔信誉存款，是建设一座"立于现在、功于未来"的商业信用宝库。

三、品牌定位

当今的市场是繁荣的买方市场，品牌数量日渐增多。同一种商品的品牌数量少则十几个，多则几十个甚至上百个。若想在众多同类品牌中脱颖而出，并在消费者心目中占据有利的位置，就必须要进行品牌定位。品牌定位是品牌建设的基础，成功的品牌定位能够迅速吸引消费者，并在其心目中留下鲜明、深刻的品牌形象，从而为企业带来竞争优势。

（一）什么是品牌定位

品牌定位，是指建立一个与目标市场有关的品牌形象的过程与结果，是勾画品牌形象和所提供的价值，使细分市场的消费者理解和认识某品牌区别于其他品牌的独特性的过程。简言之，品牌定位就是建立本品牌在消费者心目中的与众不同的形象和地位。

品牌定位以消费者的心理需求为依据，挖掘出本品牌相对于竞争者的优势来，将本品牌定位在消费者的心中。比如，劳斯莱斯汽车品牌的定位是"皇家贵族的坐骑"，奔驰是"豪华、尊贵、成功人士的象征"，沃尔沃是"安全的"，宝马是"驾驶的乐趣"，雪佛兰新赛欧是"全民的理想家轿"，等等。这些汽车品牌的明确定位，在消费者心目中已然形成非常清晰的印象，只要一提到这些品牌名称，消费者大脑中就会浮现出这些品牌鲜明的形象。因此，这些品牌的定位都是非常成功的。品牌定位是各个企业在激烈的市场竞争中赖以取胜的重要手段，品牌定位有着重大的战略意义。

（二）品牌定位的意义

1. 品牌定位是塑造品牌个性的必要条件

产品的同质化即产品功能价值的雷同使得产品本身日益无法满足消费者情感上的需求，消费者渴望能够在产品的品牌定位当中找到自己情感上需要的东西。而品牌个性则是消费者品牌情感诉求的集中表现。如耐克充满了运动之美，万宝路充满了阳刚、强壮之气，可口可乐是真实可信的，百事可乐则是年轻的、活泼的。这些品牌个性都必须建立在明确的品牌定位基础上，如果品牌定位不明，则品牌个性难以鲜明。

2. 品牌定位是品牌传播的基础

品牌传播是指通过广告、公关等手段将企业设计的品牌形象有计划地传递给目标消费者，以期获得消费者的认知和认同。品牌定位必须依赖积极有效地传播来树立品牌在消费者心目中的形象，显示其优异于其他同类品牌的特性。品牌定位是品牌传播的基础，任何品牌知名度的提高都必须依赖于其独特的品牌定位。品牌定位所确立的品牌整体形象，必须经过有效的品牌传播，才能长驻消费者的心中。

（三）品牌定位的程序

品牌定位是整合分析目标消费者需求、市场竞争状况、企业资源状况的过程。一般来说，一个完整的品牌定位需要遵循以下步骤：

1. 消费者需求分析

满足消费者的需求是品牌定位的出发点和归宿。消费者需求分析是进行品牌定位的首要步骤。为达到这一目的，企业需要开展消费者行为调查，准确了解目标市场顾客的生活状况或心理需求。然后借助于各种系统化的市场需求和客户群分析模型，找到切中消费者需要的品牌利益点，即消费者期望从品牌中得到的价值满足。通常，用于定位的品牌利益点除了产品本身的功能利益外，还有品牌带给消费者的心理和精神上的满足。

2. 品牌竞争者分析

品牌定位的实质就是与竞争品牌相区别从而给消费者留下独特的印象，所以对品牌的竞争者进行分析是一个重点。首先，企业需要明确自己的竞争品牌有哪些。通常，品牌竞争者包括同类产品品牌和其他种类产品品牌（替代产品品牌）。比如可口可乐的竞争品牌除了百事可乐外，还有绿茶、果汁等其他非碳酸饮料。其次，对竞争品牌的定位进行分析。目前，对竞争性品牌的定位分析可以采用竞争性框架法：即根据产品的某些属性来做一个树形图，并分别细分这样一些属性，最后把所有的竞争性品牌按这些属性在这个树形图上"对号入座"，以明确这些品牌的现有定位。比如，舒蕾洗发水在分析竞争性品牌时，首先根据洗发水的功能属性，细分出消费者对于这一产品的各种不同诉求，比如去屑、亮泽、滋养、飘逸、柔顺、护理等；然后将市场上的各种竞争性品牌与洗发水的属性对应起来，从而明确它们的定位；最后终于寻找到"健康最美"这个突破点。这既是差异化的品牌主张，又符合人们追求自然和健康的生活风尚。

3. 测试消费者的偏好

在对消费者需求和竞争品牌的定位进行分析的基础上，为深入了解消费者的具体偏好，分析这样一个特定群体对产品的哪些属性是非常看重的，而竞争性品牌没有很好地满足这些需求。我们通常使用的市场调查方法和获取的需求数据，往往是顾客需求的外在表达，并不一定是他们内心的真实感知。为了深度获取顾客对某品牌的真实潜在需求和心理感知，研究者们结合心理学的成果，开发出了一些研究消费者潜在需求的隐喻引出工具，具有代表性的有ZMET 技术。[①]

4. 从竞争优势中提炼品牌核心竞争价值

通过分析与竞争品牌比较后所得到的竞争优势往往是粗糙而宽泛的，需要经过高度的概括和提炼，得到其核心竞争价值。这种核心价值是品牌的精髓，是品牌向消费者承诺的最根本利益，也是消费者认同、忠诚于品牌乃至愿意为之付出高价的原动力，是可以用来建立品牌定位的本质性的东西。比如，迪斯尼的核心价值是"快乐的家庭娱乐"，这也是迪斯尼的品牌定位。

5. 确定品牌定位

企业经过对消费者需求的探索、竞争环境分析、差异研究、品牌核心价值的提炼之后，可以获得一些品牌的定位点。然而这些定位点还是粗略的，接下来需要对这些品牌定位点进行优化组合，舍弃不合理的方案，保留可行方案，然后继续对这些方案进行严格筛选，直至在这些相互竞争的参考体系中找到品牌的理想位置，最终形成简洁而明确的品牌定位。

6. 品牌定位的传播和监控

品牌定位确定以后，企业需要将这些定位有效地传播给目标消费者，让目标消费者认识、理解和接受这一定位，产生心灵上的认同和共鸣：这种认同感

---

① ZMET 技术是一种结合非文字语言（深入访谈）的崭新消费者研究方法，是哈佛商学院的萨尔特曼（Gerald Zaltman）教授于 20 世纪 90 年代提出，是一项专利研究技术。

是消费者对品牌形成特殊印象的基础，所以定位是否成功，只有消费者才是最有发言权的。品牌传播有公关、广告、包装、口碑等多种途径，其中最重要的是广告，因为广告可以通过图文结合、多媒体的表现形式，生动立体地展现品牌的定位。而一旦某种品牌定位在消费者头脑中建立起来以后，企业还需要进一步监控它在市场上的维持状况。企业可以通过监控记录不同时期的品牌形象来了解品牌定位的维持状况以及品牌竞争状况。

四、品牌设计

（一）品牌设计的含义

品牌设计有广义与狭义之分。广义的品牌设计包括品牌战略设计和品牌表现设计，其中，战略设计是无形的，是一个品牌的价值定位过程，包括品牌目标市场界定、品牌理念设计、目标消费者设计、产品概念设计和市场设计等内容；品牌表现设计是化无形为有形，用准确的视听觉语言表现出来，包括规范性的品牌视觉识别设计和应用型的产品造型设计、包装设计等内容，是战略设计的外在表现。狭义的品牌设计是指后者，又称品牌视觉识别设计、品牌形象设计。目前企业界普遍采用的品牌形象识别设计方法是VIS。

（二）品牌VIS系统

品牌具有较强的识别作用，使之从众多同类产品中凸显出来，以利于消费者识别和购买。这种识别既表现在品牌文化、个性等内涵方面，也表现在品牌名称、标记、符号、图案等方面，令消费者产生视觉上的差别。

品牌VIS（Visual Identity System），即品牌视觉识别系统，是一种具体化、视觉化的符号识别传达方式。它将品牌经营理念、品牌文化、服务内容、品牌制度等抽象语言，以独特的名称、标志、标准包装等视觉要素具体而形象地表现出来，从而区别于其他企业。如由醒目的运动员运球转身动作和"NBA"三个字母组成的NBA标志图案、麦当劳黄色大写的"M"型黄金双拱门等都给人以强烈的视觉冲击。

VIS 包括基础设计系统和应用设计系统。基础设计系统的要素有品牌名称、品牌标志、标准字体、标准色彩、标志造型和品牌广告语等；而应用设计系统要素包括事务用品、包装、环境、交通运输工具和制服等。

（三）品牌名称设计

每个品牌都有自己的名称。品牌名称是品牌识别中可以用文字来表述并用语言来传播的部分，也称"品名"。如可口可乐（Coca－Cola）、奔驰（BENZ）、海尔（Hair）等。好的产品好比一条龙，而为它起一个好的品牌名称就犹如画龙点睛，大大有助于品牌与外界的传播和沟通。

品牌名称能够提供品牌联想，它能最大限度地激发消费者对于品牌的一种感知联想。一提到某个品牌名称，人们马上就会自然而然地对该品牌所代表的产品或服务的质量、形象、特色等产生一个整体的印象。

品牌名称也可以从不同侧面诠释品牌的核心价值，成为品牌传播的最好载体。比如古驰（Gucci）皮具突出了产品古典朴素的设计；易趣（eBay）拍卖网站，传达的是"交易的乐趣"；帮宝适（Pampers）给宝宝提供最贴心的照顾，让他们舒适惬意，令人联想到它的柔软。从这些品牌名称就可以了解到其品牌核心价值能够带给消费者怎么样的利益。

中国绝大多数品牌，起的汉字名称尚可，但走出国门时，有些企业直接用汉字品牌的拼音作为品牌名称，结果因为外国人并不懂拼音所代表的含义而失去市场。例如长虹，其汉语拼音 CHANGHONG 被直接用作商标，而 CHANGHONG 这个音节在外国人眼里没有任何含义。海信，在走出国门前，从全球战略角度重新注册了"Hisense"这个英文商标，其 high sense "高灵敏、高清晰"的含义，非常符合家电产品的特性。此外，high sense 还有"高远的见识"之意，体现了品牌的远大理想，非常巧妙，赢得了海外消费者的广泛欢迎。

（四）品牌命名的程序

现代品牌命名是一个科学、系统的过程。一般遵循以下步骤：提出方案—

评价选择—测验分析—调整决策，直到确定命名。

1. 提出备选方案

品牌设计者根据品牌命名的原则，广泛收集可以描述产品特征的单词或词组。常常运用的方法是头脑风暴法。它可以通过集思广益的方式在一定时间内得到大量的候选品牌名称。如丝宝集团在为洗发水起名字的时候，便让营销人员尽可能列出与头发相关的字，并要求打破语言文字的常规组合，但要富有寓意。"舒蕾""风影"等名称便是这样产生的。此外，在媒体上刊登广告广泛征集品牌名称也是一种不错的方法，这样既可以为企业造势，也可以收获优秀的创意。

2. 评价选择

有了若干个符合条件的候选品牌名称之后，组织一个专业的评价小组，评价小组成员涉及语言学、心理学、美学、社会学、市场营销学等各领域的专家，由他们对备选品牌名称进行初评。初评出来的品牌名称既要能反映企业的经营理念，也要符合企业的长远发展。

3. 测验分析

事实上，消费者才是品牌名称的最终决定者。因此，对专家们初评出来的方案进行消费者调查，了解消费者对这些品牌名称的反应，是非常关键的一步。这一环节常采用调查问卷的方式展开。调查问卷应包括以下内容：名称联想调查，即选定的品牌名称是否使消费者产生不理解的品牌联想；可记性调查，品牌名称是否方便记忆，通常的做法是挑选一定数量的消费者，让他们接触被测试的品牌名称，经过一段时间后，要求他们写出所有能想起来的名称；名称属性调查，即品牌名称是否与该产品的属性、档次以及目标市场的特征一致；名称偏好调查，即调查消费者对该名称的喜爱程度。

4. 调整决策

如果测试分析结果不理想，消费者并不认同被测试的品牌名称，就必须重新对品牌进行命名，直到最后获得消费者认可为止，切不可轻率决定。

五、品牌传播

（一）品牌传播的定义

品牌是由企业来建设和打造的，却是由消费者来认可和决定的。企业必须将精心打造的品牌通过各种途径传递给消费者，让消费者充分了解、认识、认同并深深接受，品牌才会有意义和价值。品牌形成的过程，其实是品牌在消费者当中传播的过程，也是消费者对某个品牌逐渐认知的过程。

所谓品牌传播，是指品牌制造者找到自己满足消费者的优势价值，利用各种媒介将品牌信息有计划地与公众进行交流沟通的活动，以此促进消费者的理解、认可、信任和体验，产生再次购买的愿望，不断维护对该品牌的好感的过程。可以说，任何一个品牌的诞生，都必须依赖于良好的传播沟通，没有传播沟通，就没有品牌。

（二）品牌传播媒介

广义的媒介指一切能使双方发生关联的人或事物；狭义的媒介专指大众传媒（报纸、广播、电视、网络等）。一切形式的品牌信息最终都必须经由特定的媒介传递出去。各种传播媒介的日益丰富为品牌的广泛传播提供了更多的平台和便捷，促进了消费者对品牌的更全面深入的认识。

1. 传统大众媒介

（1）印刷类媒介。印刷类媒介即以印刷作为物质基础，以平面视觉符号（文字和图像）作为信息载体的传播信息的工具。印刷媒介主要有报纸、杂志、招贴、传单、书籍及其他印刷品。

（2）电子类媒介。电子类媒介即以电波形式来传播声音、文字、图像等符号，并需运用专门的电器设备来发送和接收信息的传播工具。电子媒介主要有广播、电视、电影、幻灯等。其中，电视媒介对大众传播的影响力已居首位。

2. 互联网

互联网被称为继报纸、广播、电视三大传统媒体之后的"第四媒体"。它集三大传统媒体的诸多优势为一体，是跨媒体的数字化媒体。其个性特点具有即时性、海量性、全球性、互动性、多媒体性和新媒体性等多种特点。其中，互动性是互联网最本质的特征。即时交互的特质可以使传播双方的沟通了解更加深入。在营销和品牌传播领域，互联网这一新生媒介将越来越被广泛关注。

3. 直邮媒介

直邮媒介，英文为 Direct Mail，这里指通过邮寄网络将品牌相关信息，如广告、促销等信息有选择性地直接送到用户或消费者手中的传播形式。其类型主要包括商品目录、商品说明书、商品价目表、明信片、展销会请帖、宣传小册子等。

4. 户外媒介

户外媒介，英文为 Out Door Medium，是指设置在露天、没有遮盖的、承载品牌相关信息的各种设施，主要包括路牌、灯箱、气球、霓虹灯等。作为地球上最古老的媒介，户外媒介利于其"标志"的固有本性和现代平面设计与技术的结合。事实上，正是由于现代技术的出现，企业才得以在户外进行一些他们几年前连做梦都想不到的活动。

5. 售点媒介

售点媒介，通常称为 POP 媒介，即 Point of Purchase Medium，意思是销售点和购物场所的媒介设施。销售现场媒介是一种综合性的媒介形式，从内容上大致可分为室内媒介和室外媒介。室内媒介主要包括货架陈列、柜台、模特儿、卖场墙体、空间设置等媒介形式。室外媒介是指购物场所、商店、超级市场门前和周围的一切媒介形式，主要包括广告牌、霓虹灯、灯箱、电子显示屏、招贴画、商店招牌、门面装饰和橱窗等。

6. 5G——新一代移动通信技术

5G 是英文 the 5th Generation 的缩写，即第五代移动通信技术，国内外专家对 5G 的定义是：传输速率达到 10Gb/s 的下一代移动通信技术。5G 并不是一种单一的无线技术，而是多种新型无线接入技术和现有无线接入技术集成后的解决方案的总称，是一个真正意义上的以用户体验为中心的融合网络。5G技术的关键在于构建网络社会，除了要满足超高速的传输需求外，还需要满足超高容量、超可靠性、随时随地接入等要求。

"4G 改变生活，5G 改变社会"，5G 最大的改变就是实现人与人之间的通信走向人与物、物与物之间的通信，实现万物互联，推动社会发展。5G 对社会的重要性是基于其深度与社会各行各业以及人们的生活工作密切融合。在某种程度上说，未来人人都将生活在 5G 网络上，在上面生活、学习和工作，工厂在上面生产，政府在上面实现管理和提供服务。

5G 时代已经到来，它作为全新的信息技术革命正在改变人类的生活，颠覆了传统的营销手段，成为企业面临的又一个信息平台。

（三）品牌传播手段

品牌传播实际上就是对各种传播手段综合运用的过程，在这个过程中，如何控制和利用好这些传播资源，成为品牌传播制胜的关键。一般而言，品牌传播的手段包括广告、公共关系和人际传播等。

1. 广告

广告是塑造品牌的主要手段，是指品牌所有者以付费方式，委托广告经营部门通过传播媒介，以策划为主体，以创意为中心，对目标受众所进行的以品牌名称、品牌标志、品牌定位、品牌个性等为主要内容的宣传活动。广告一直被认为是塑造品牌的重要工具。广告作为重要的传播工具，具有以下特性：（1）公开展示。广告是一种高度公开的信息传播方式。它的公开性赋予产品一种合法性，同时也使人想到一种标准化地提供。因为许多人接受相同的信息，所以购买者知道他们购买这一产品的动机是众所周知的。（2）普及性。广告是一种普及性的媒体，它允许销售者多次重复这一信息。它也允许购买者接受和比较各种竞争者的信息。一个销售者可以做大规模的广告，充分地介绍销售者的经营规模、名望和成功，使消费者充分了解企业的信息，为其后续的购买决策做准备。（3）夸张的表现力。广告可通过巧妙地应用印刷艺术、声音和颜色等将一个公司及其产品戏剧化地展示出来，以独特的表现手法引起受众的注意。（4）非人格化。广告不会像公司的销售代表那样有强制性，受众不会因此感到有义务去注意或做出反应，广告对受众只能进行独白而不是对话，因而不会对受众造成压力。

广告既能用于建立一个产品的长期形象，也能促进产品的快速销售。具体说来，广告能起到下列作用：（1）建立知名度。大量有效的广告宣传可以扩大公众对品牌产品知晓了解的程度，这样那些知道这家公司或产品的潜在顾客可能会愿意与销售代表见面，销售代表也不用再花费大量时间来描述公司及其产品。（2）促进理解。大量有效的广告宣传可以充分地诉求某一产品的新特点，以促进消费者的理解和认同。（3）有效提醒。大量长期的广告宣传可以不断地提醒那些有潜在需求的顾客，及时去购买所需产品。（4）进行提示。广告中的回邮赠券、宣传册子等可以有效地提示消费者。（5）合法性。能够在权威媒体上登载公司广告本身就足可证明公司及其产品的合法性。

2. 公共关系

一个品牌能否迅速占领市场，能否快速树立品牌形象，光有高质量还不够，还需要一系列的策划，公关活动是其中不可缺少的一部分。

在品牌传播中，可以采用的公共关系形式是很多的，诸如新闻发布会、展览会、社会赞助等较为普遍的公共关系活动方式。

与其他传播工具相比，公共关系有以下三个明显特征：（1）高度可信性。新闻故事和特写对消费者来说要比广告更可靠、更可信。（2）消除防卫。很多潜在顾客能接受宣传，但回避推销人员和广告。作为新闻的方式将信息传递给购买者要比销售导向的信息传播为好。（3）戏剧化。公共宣传像广告那样，有一种能使公司或产品惹人注目的潜能。

营销人员倾向于少用公共关系，或把它用作事后的思考。然而现在企业越发认识到，公共关系不但在应对销售危机和品牌危机时显得价值连城，而且日益在日常营销活动中发挥巨大的作用。一个深思熟虑的公共关系活动同其他促销组合因素协调起来能取得极大的效果。

3. 人际传播

这是指两个或两个以上的人之间借助语言和非语言符号互通信息、交流思想和感情的活动。人际传播是传播者与受传者之间的信息互动过程，是人际关系得以建立、维持和发展的润滑剂。人际传播可以是面对面的交流，如交谈、交往、约谈、讨论、对话等，也可以是借助传播媒介进行交流，如写信、打电话、发传真等。人际传播的主要特点是：第一，传播者与接受者之间的深层传播处于"熟人圈"中，他们彼此熟悉，时有往来；第二，传播以单个的面对面的传播形式为主；第三，信息的交流性强，信息反馈直接、快速、及时、集中，因此传受双方都可以现场把握信息的流向、流量和清晰度、准确度；第四，适用于在较短的时间内改变接受者的态度和行为。它的基本功能是协调人际关系、交流思想感情、统一社会态度和支配他人的行动等。在今天，大量的广告信息充斥着现代媒体，人际传播所表现出的人与人之间的互动性以及现实感，在传达品牌品质与形象上有得天独厚的优势，给人一种信赖的亲切感，对于品牌信息传播所起的作用与影响是巨大的。

第三章
转型发展背景下山西品牌建设
存在的问题、原因及对策分析

近年来，山西省地方品牌的发展取得了显著成效，但是因为地方品牌建设工作起步较晚，总体呈现发展滞后的局面。地方品牌的打造与发展既需要山西省各级政府不断为山西省内的地方品牌提供政策扶持，更需要各个企业的精诚团结，加大地方品牌建设力度，塑造地方品牌是政府及地方内企业共同的责任。只有将山西省深厚的历史文化和人文精神融入品牌，才能实现地方品牌的茁壮成长。

第一节　山西地方品牌的现状

一、山西地方品牌的发展概况

品牌是在商业和社会活动中商品或者服务的提供者为了获得受众的认可和实现其商品服务的价值，在区别和展示自己的主张时，使用的特有的各种名称和标志，它可以是一个名称、术语、标记或者是三者的组合。

在中国融入世界经济一体化的进程中，企业逐渐并深刻地意识到，在世界经济的角逐中强势品牌的拥有者往往是舞台上的主角，他们引领市场并在竞争中占绝对优势，可以说没有品牌的竞争是无力的竞争，没有品牌的市场是脆弱的市场，没有品牌的企业是危险的企业，品牌是企业的生命，是企业在竞争中立于不败之地的法宝。

从历史发展和文化积淀方面考察和研究，山西是一个形成老字号品牌较多的地区。当时全国有 51 家，而晋商形成了日升昌、蔚泰厚、六必居、都一处、川字茶庄、广恒信、大德通等老字号品牌等 43 家。省内叫响的约几十家，它们不仅叫响全国，而且闻名欧亚；不仅具有品牌无形资产价值，而且用无形资产价值创造了丰富的有形资产价值。像日升昌兴盛历史 100 多年，汇兑银子最多时高达 1 亿多两，经营范围不仅占据全国二十多个省区，而且还横跨欧亚，被称为"中国第一商号"，皇帝授予"汇通天下"称号。从历史角度、相对经营额角度和诚信角度等方面比较，日升昌的无形资产价值不会低于 8 亿两白银，当时可同世界最大的商业公司相比。相对而言，它的品牌效应敢同可口可乐媲美。像这样名震中国、影响世界的品牌还有川字牌茶等。同时还有一批在省内叫响的老字号品牌①。

20 世纪 90 年代中期，山西涌现出一批全国知名品牌和叫响全国的名牌（被国家部委评为金牌、银牌等），大约有 10 多件最有影响，如先于海尔的海棠，在北京销售额占据约 50% 市场份额。早于长虹的春笋，销往全国 13 个省市。仅次于春都和双汇的同风熟肉品牌，以及杏花村、老陈醋、龟龄集、定坤丹、平遥牛肉、经纬细纱机等。在省内叫响的品牌有华杰、大光、三餐源、康美、彩虹九姑娘、环球自行车等，但现在这些品牌大都消失了②。

20 世纪末和 21 世纪初，山西又有一批品牌涌现，但同中国名牌拥有量相比相差甚远，山西拥有的中国名牌和中国驰名商标所创造的工业增加值和利税，在全国可能更少，个别名牌和驰名商标所创造的工业增加值和利税可能是全国最少的。

近年来，山西省贯彻落实国家"以质取胜"战略，高度重视品牌建设，

---

① 郑孝时、孔阳：《明清晋商老字号》，山西经济出版社 2006 年版。
② 《晋商品牌的三次浪潮》，载《山西晚报》2015 年 10 月 18 日。

大力实施名牌战略，在农业、制造业、服务业等领域培育了一批标杆企业，形成了一批知名品牌。"山西品牌中华行"① 在这种形势下，顺着企业"走出去"的步伐，推动了山西品牌建设，拓展了山西品牌的海内外市场，学到了海内外品牌建设的先进经验。特别是省委有关领导对品牌行和品牌建设高度重视，他明确指出，我们"必须彻底丢掉再现煤炭十年黄金期的幻想，紧紧抓住市场倒逼的历史机遇，坚定不移走上转型之路"，要"持续开展山西品牌丝路行"等活动，提升"晋"字品牌市场竞争力。

"山西品牌中华行"在中华大地唱响了山西品牌，山西品牌的知晓度大幅度提升。过去山西品牌在互联网品牌中，因为碎片化没有规模交易，现在中华行这个平台使得山西品牌有了一个很好的载体，走遍大江南北，走遍海内外。现在互联网解决了人们的需求，但无法实现互动、体验，"山西品牌中华行"活动线上、线下齐动，增加了人文情感的交流凝聚力，特别是在实体店转型、互联网缺乏互动的当下，是一个供给侧改革的有力尝试。

它提高了全国对山西品牌的美誉度和认知度。过去大家对山西品牌的认识比较单一，仅限于部分产品，现在通过活动的互动环节，提升了人们对山西品牌的认知度，也就是知其所以然。随着认知度的提升，美誉度也会增加，口碑对于品牌十分重要，这次传播效益，比较显现。

它打开了市场，提高了山西品牌的市场占有率，经过四年多的努力，市场渠道打通了，市场不通则品牌不动，现在中华大地构筑了山西品牌的网络，布下了市场，专卖店、网络销售，实现了传统与现代的融合，是一种转型的探索，对于提高市场占有率将发挥积极作用。

它让山西品牌文化得到了广泛有效的传播，"山西品牌中华行"的传播过程中实际上是将文化导入，人们可以产生联想印记，可以记起关于山西品牌方面很多有意义的传说。其实，用文化推动山西品牌是一个有力的尝试。比如，

---

① "山西品牌中华行"系列活动是由山西省商务厅、财政厅、外宣办等联合举办的活动，目的是将山西的好产品、好特产推向全国，让全国人民认识山西、了解山西、品味山西、享用山西。活动以享用三晋品牌、提高生活品质为主题，坚持宣传和推介、展示和销售、洽谈和签约相结合为原则，以"珠三角""长三角"环渤海、中西部地区市场为重点，走向全国，以重点品牌宣传推介为载体，宣传我省品牌形象，展示山西省产业优势和优质品牌产品，提升山西品牌的知名度和竞争力。

乔家大院凭着诚信打动消费者，需要通过文化把品牌做到价值最大化。

今后，山西需要利用互联网大数据，大力深度开发山西品牌。如何利用好对山西品牌发展非常重要，特别是消费者的评价非常重要，可以线上、线下充分互动，将消费者评价、反映，进行双向互动，借助互联网提升山西品牌影响力。同时，需要大力推进提升品牌的专项行动，加大山西品牌人才队伍建设，与高校科研单位合作，培育一批品牌企业家及领军人才，品牌精英需要各类人才，山西品牌由大变强，人才是关键①。

新时期面对激烈的市场竞争，山西要发展，必须打好品牌这张牌，深刻了解自身的优劣势及市场形势，在具体实施的过程中还要注意处理好下面两方面问题。

第一，根据实际情况寻求真正适合自己的发展道路，不能生搬硬套大品牌成功的经验，不同时期的经济形势和消费水平不同，不同企业的性质和经济实力也有很大差异，尤其是小企业，资金不足管理模式不成熟，不能急于求成，要从最基本出发，适合自己的才是最好的。

第二，要与时俱进，设立动态调整模式。品牌核心价值的打造及坚持固然重要，但墨守成规是可怕的，"以不变应万变"的思想也是不明智的，企业应审时度势，依据环境时代的变化、竞争对手的变化、顾客消费观念的变化及政府经济政策的变化来适时调整自己的方向，以做到与时俱进，适应市场需求。

二、山西地方品牌的现状分析

（一）机会分析

第一，在 WTO 规则下，国内企业可以比以往任何时候都充分地享受发达国家先进的技术和广阔的市场。许多国外知名企业进驻中国，我们可以通过合资及合作等方式与国际先进企业进行交流，加快自身技术升级，为自身品牌的

---

① 《品牌行是供给侧改革的有力尝试》，载《山西经济日报》2016 年 11 月 23 日。

建设奠定良好基础。已有一定品牌基础的企业同时有机会同跨国企业的强势品牌联合，提升品牌价值。

第二，创立、培育与发展品牌，已成为山西省政府乃至国家的长期发展战略。对山西这样一个经济不发达的省份来讲，发展品牌不仅是企业的立业之本和创业的方向，而且在市场经济条件下，可以更好地发挥市场的作用，引导行业的发展，使资源的配置趋于高效合理，从而增强山西综合经济实力。山西经济结构调整正是以潜力产品为切入点，同时把培育优势潜力产品与发展企业品牌相结合，把品牌提升到战略的高度，通过品牌带动整个山西经济的发展。

第三，市场经济的快速发展。我们处在一个到处充斥着商品、服务和品牌的世界，各方都希望自己在竞争中独树一帜，脱颖而出。人们普遍认为要想使自己的产品和服务与众不同，并不仅仅靠在营销上花费大笔资金，品牌经营不再仅仅是专属于大企业的事情，而是认为企业只有靠持久的表现才能赢得消费者的信任与喜爱。这使得在山西省占比重较大的中小企业有机会去表现，从而逐渐建立和发展自己的品牌。

（二）威胁分析

第一，国际大品牌实力雄厚。一个国际知名品牌的诞生需要经历几十年甚至上百年的历练和沉淀。我们作为后来者，面对众多国际知名大品牌的压力，谋求发展实属不易，加之越来越多的国际品牌在中国实施本土化战略，以及中国一些企业对发达国家知名品牌的虚拟经营，这就在一定程度上"虚化"了中国自有品牌的竞争力。

第二，政府有关部门没有品牌战略的清晰思路。由于山西企业普遍缺乏科学实施品牌战略的经营理念和策略，在激烈的市场竞争中幸存下来实属不易。如山西的春笋彩电成名先于长虹，却消失了；海棠洗衣机曾闻名全国，成为当时国内三大名牌洗衣机之一，也衰落了。企业品牌意识不强对推动品牌战略起着基础性的制约作用，政府有关部门在推进品牌战略的实施上没有形成清晰的思路。政府部门作为市场经济条件下进行宏观调控的主导力量，在为企业创造公平竞争环境、营造品牌产品发展氛围方面的工作还没有完全到位；对经济发展的局部和全局的关系认识不清，个别地方政府为维护地方利益，放纵、祖护当地制假、售假的不法行为，极大地损害了品牌产品企业的合法权益，给名优企业带来了巨大的经济损失；对品牌产品和优势企业在技术改造、科技开发、改革改制、融资上市、财政税收支持等相关领域协调和扶持培育机制尚未建立。

第三，电子商务的移植或渗透。WTO 环境下，地方经济的产业群面临国际化问题，企业必须建立电子商务平台、装备，例如 ERP 系统之类的信息化集成工具，促进了地方品牌的提升。但目前中国的电子商务发展尚处于初级阶段，山西省企业内部信息化程度较低，外部应用环境远不成熟，网络营销不及发达国家、沿海省市甚至周边省份，严重影响了信息化对品牌的溢出效应。

（三）优势分析

第一，悠久的历史和丰富的文化底蕴。一直以来历史文化就是品牌塑造的重要素材之一，例如山西省的杏花村汾酒、沁州黄小米等。山西是中华文化最古老的发祥地之一，"5000 年华夏文明看山西"已经是中国人乃至全球华人的共识，对于品牌建设，山西省还有许多的东西值得我们去挖掘，尤其是对旅游品牌的创建和发展。

第二，后发效应。品牌的发展滞后虽然使得山西省品牌发展面临着巨大的压力，但凡事均有两面性，后发本身就有更多的国内外创建、管理、发展品牌的经验和理论可以借鉴，避免走别的企业已经走过的弯路。当然，在借鉴过程中的适用性是我们要特别注意的。

第三，中小企业的灵活性。打响品牌是所有企业都想为之的，前面也提到现在消费者观念的变化也为中小企业的产品提供了机会，小企业与大企业同场竞争，无疑是势单力薄，但企业小有小的好处，"船小好掉头"，具备灵活性，不需大投入，同样可以在竞争中走出自己的路。

第四，内地消费者更重视品牌情感联系。据调查，内地消费者对新品牌的态度倾向于开放和乐观。内地人也接受国际品牌，认为比许多内地品牌更能切合他们的要求。然而，有趣的是，虽然他们渴望与这些国际品牌联系上，但他们选择这些品牌却是出于情感的联系。这一点就给我们的品牌发展提供了广阔的机会。

（四）劣势分析

1. 品牌意识差，品牌产品少，品牌认识存在误区

首先，山西很多企业品牌意识依然淡薄。注册商标数在全国占比较低，而且这些商标大多集中在工业产品上，商业性、服务性、贸易性商标极少。众多煤焦企业，出口大多用天津等地的牌子。山西在国内市场上有知名度的产品多为原材料产品，其他类产品的市场份额更小。

其次，将产品本身作为品牌。山西很多企业在创建品牌的过程中走捷径，直接将地方土特产作为品牌是非常不可取的，不仅自己的品牌不能真正建立，还会在很大程度上影响已有生产同种地方土特产企业的品牌。山西省知名产品平遥牛肉就因此受到重创。自从中央电视台《每周质量报告》栏目披露了平遥县少数不法商贩制售假冒伪劣平遥牛肉的恶劣行径以后，对平遥牛肉生产企业影响特别巨大。类似于"冠云"这样的企业，生产销售量下降了2/3。原因就在于消费者特别是省外甚至国外消费者对平遥牛肉大多只是产地的概念，只要是山西平遥生产的都是正宗平遥牛肉，这样的环境下即使有品牌的企业也难免要深受其害。

2. 缺乏品牌经营，品牌产品规模小，品牌价值低

山西有些地方和企业的领导比较重视产值的增长，对创立品牌和把品牌产品做大做强的意识不强。许多企业在长远规划上缺少明确的目标，以牺牲长期利益为代价换取企业短期利润。

山西品牌产品中除奇强洗涤用品、天脊化肥、杏花村汾酒、劲铝等少数几个品牌的产品拥有10亿元或接近10亿元的销售收入及较高的市场占有率外，绝大部分产品规模徘徊在1亿元左右，有的产品规模甚至更小。就品牌价值而言，山西绝大多数品牌无形资产价值偏低，就是相对规模较大的山西几个品牌产品也只有数十亿元。

3. 注重"品牌打造"，忽视"品牌管理"

近些年，在山西"品牌打造"这个词可以说是不绝于耳，但却很少强调"品牌经营"或"品牌管理"。尽管政府对品牌建设做了很多工作，但他们大多缺乏对品牌经营进行科学规划，对品牌发展方案缺乏科学论证，对品牌经营缺乏连续性，从而导致事倍功半。企业缺乏实际品牌经营手段，过分依赖广告的作用，大量投资广告时，企业的表象迅速成长，大家对牌子很熟悉，打造很有效果，但广告投入一停止，却发现几乎没有多少品牌的东西传递给消费者。

第二节　山西地方品牌建设存在的问题及原因分析

一、山西地方品牌建设存在的问题

在山西现有的品牌中，地方品牌影响力不高，缺乏消费者的认可和接受，品牌美誉度和忠诚度不高。究其原因主要在于：

（一）地方品牌意识淡薄，企业缺乏主动性

山西省地处中国中部，受地理位置及传统观念的制约，社会品牌意识淡薄。而在中国实行地方品牌发展较早的江浙沿海地区，地方品牌发展已卓有成效。虽然山西省品牌总量在市场上占有较大比重，但是企业间强强联合，或者以强带弱致力打造地方品牌产品的龙头企业并不多见。加之一些企业家思想观念落后，害怕在联合发展中危及自身的利益，满足于"小富即安"的现状，在推动地方品牌发展过程中缺乏主动性。许多地方品牌在创建过程中主要靠地方政府的积极推动，企业并没有真正成为地方品牌建设和维护的主体。

（二）产品市场影响力不强，营销渠道有限

近年来，在国家政策的号召下，山西省大力实施名牌战略，积极推行地方

品牌的建设、推广工作，涌现出了"奇强"洗衣粉、"东湖"醋等名牌产品，但是地方品牌整体呈现名牌产品数量少、企业生产规模小、中低档产品为主、产品市场影响力不强的特点。品牌形象也主要集中在中、低档产品上，品牌认知度低。在品牌营销方面，大多企业还采用传统的营销模式，营销观念落后，同时品牌市场影响力弱，营销效果不尽如人意，产品很难拓展到周边省市市场，产品无法进入"中国名牌"行列。

（三）企业创新能力弱，产品同质化现象严重

山西省大多数企业处于初创阶段，规模小、市场占有率低，甚至一部分企业主要从事大企业的部分零件加工工作，受到自身规模及资金的局限，企业往往难以承担高昂的研发费用，创新能力不足，加之地方品牌观念淡薄，即便自身有能力进行产品研发，多数企业也会因为研发投入过多、产品成本上升、市场风险增大等原因不愿参与科技研发。另外，省内地方品牌发展还处于初级阶段，除了行业龙头型企业外，大部分中小企业很难获得外部相关产业及相关行业机构的资金、技术支持，使很多企业停留在低端加工阶段。技术创新能力薄弱，高级设计人员缺乏，导致企业在经营过程中大多选择走产品种类单一、市场定位模糊和价格水平较低的道路，产品同质化现象突出。

二、山西品牌缺少的原因分析

海棠早于海尔但已消失，春笋先于长虹但已破产，同风跃居前茅但已关门停产，芳芳产量名列前茅但已关门……

山西曾拥有许多老字号及现代品牌，但为什么一件件盛极而衰，短命而去呢？晋商老字号衰落已有历史定论，我们今天暂且不论，现在主要分析 20 世纪 90 年代的一批品牌为何短命。

"品牌巨婴症"是山西品牌理念落后的突出顽症，强壮的产品躯体加落后的理念等于"品牌巨婴症"。"品牌巨婴症"是束缚中国品牌成为世界名

牌的主要观念障碍。中国现已能生产世界十多种名牌服装的七八种，但都要贴牌生产经营，利润只有人家的不足10%。像格兰仕的产品已占世界市场40%的份额，质量等都达到世界标准，但就是难以成为世界名牌。中国类似产品很多。山西一些产品也达到了中国先进产品标准，但大多数产品没有成为中国名牌、中国驰名商标，其深层原因就是缺乏先进的品牌理念，比如冠云平遥牛肉、沁州黄小米、稷山枣以及阳泉无烟煤等产品，都是缺乏先进的品牌理念，难以为品牌增加文化附加值，若能将这些品牌运作好完全可以成为中国名牌。

为什么山西打造品牌会出现"品牌巨婴症"呢？关键是山西一些企业家没有"品牌一半是物质，一半是文化""差异性是强势品牌的核心和基础"等理念，他们认为"质量达到世界水平自然而然就会成为中国和世界名牌""咱是干实的从来不干那务虚的"，等等。美国杨·罗必凯公司"品牌资产评估系统"，曾经分析中国品牌消费者对中国品牌九项内容，如创新、成就、精英风格等七项，打分都低于国际品牌，而虚饰和服务等两项，高于国际强势品牌。这说明有些中国品牌的"实"和"硬"方面已超过国际品牌，但在"虚"和"软"的方面差距很大，也就是"软实力"差距比较大，山西品牌在这方面更为明显，最突出实例是山西旅游资源和面食名列全国前茅，但却没有形成中国或世界旅游和面食品牌效应，如五台山等。

"缺少品牌差异性"是山西品牌管理中的先天不足。20世纪90年代中期前后，山西出现了海棠、春笋、同凤、芳芳等品牌，从当时的情况看，它们的认知度和尊重度都比较高。如果企业家加强品牌管理，不断改进和打造品牌的差异性和相关性，它们就会具有品牌的差异性，不可替代性，也就不会消亡。打造品牌差异性和相关性是比认知度和尊重度更难、花费更多的一项品牌建设工程，也更有效。为此，海尔是"先难后易"，先打造品牌的差异性和相关性，因而海尔品牌成为世界100件名牌之一。

由于历史的局限性和山西品牌理论浅薄，山西当时还没有这种理论指导，因而先天不足，是造成山西一批品牌早亡的一个重要原因。

"广告、策划缺失病"是山西铸造品牌的软肋。"广告大战无晋军""创意策划缺晋军""品牌宣传少晋军"。

创意、策划等是为品牌增加附加值的一种非常必要的手段。王志纲为广东顺德私立学校及房地产策划、叶茂忠为大红鹰等策划、李光斗为蒙牛等策划案例，使品牌提升和销售大增，都充分说明，创意、策划是提升品牌和增加文化附加值的必要手段。但山西多数企业家及个别政府部门基本不运用，甚至还没有这种意识。

品牌宣传和品牌塑造力度不足是山西铸造品牌的致命弱点。所谓"品牌靠媒体宣传，形象靠长期塑造"就是这个道理。

山西品牌虽然出现了"先杨后柳"现象，但山西现在又涌现出一批新的品牌，还有一批品牌正在冲击中国名牌产品等。山西品牌正面临一个品牌产品大发展带来的机遇。

面对中国品牌产品时代来临，山西如何加快打造品牌产品发展步伐呢？杏花村品牌既有晋商老字号的"血液"，又有现代新品牌的色彩；既有品牌差异性和相关性，又有认知度和尊重度；既注重形象塑造，又注意广告投放度。为此，杏花村闯出了一条山西特色品牌道路，山西打造品牌产品应学习和借鉴杏花村的品牌之路。

第三节 转型发展时期山西地方品牌 建设的基本思路与具体策略

基于现状，如何抓住机遇，发挥优势，进一步创建和提升山西地方品牌，有以下的策略可以参考。

一、品牌意识优先战略

山西地方经济相对落后，大多数企业都属于中小企业，规模小、资金不雄厚等是普遍现象，基于此，许多中小企业推脱品牌与自己无关，而只注重眼前的利益。实际情况是，品牌是一个综合、复杂的概念，它是商标、名称、包装、价格、历史、声誉、符号、广告风格的无形总和。品牌是消费者与产品有关的全部体验，但绝不是大企业所独有的东西，相反地，大品牌也往往是从企业规模很小时就着力培养的。一个品牌的塑造，是一项系统工程，需要企业制订长远的目标，独善其身，更需要企业主动担负起对社会和消费者的责任。

在这方面，联想、爱国者等企业可以说是生动的案例，给我们颇多启发。说到中国 IT 发展史，就不能绕过中关村，而在中关村多如牛毛的贸易公司中能够存活至今的并不多，最后做成气候和品牌的，则更是寥若晨星。一般公认的只有两个：一个是联想，另一个就是比联想晚出生近 10 年的华旗。几万元资金创业，联想把 PC 做到了亚太第一；而 1993 年华旗只有 2 名员工，目前已增加到上千人，营业额在连续十几年呈持续增长的趋势。除了拥有核心技术，他们的共同点在于他们善于经营开发市场，不是单纯的以销售为目的，而是始终将企业品牌形象放在第一位，以企业整体优势拉动销售，这一点没有因为他们起步时是小企业就放弃过。

爱国者显示器品牌初创时，几乎是一个零，没有雄厚的资金、没有庞大的规模，也没有特别的资源和背景，但是，爱国者显示器却没有妄自菲薄，放弃打造一个国内知名品牌的理想，而是一步一个脚印坚实地走来。"千里之行始于足下"，一点一滴的努力，终于树立了品牌的高塔，爱国者品牌的知名度、美誉度开始大大提升①。产品力的时代已经过去，如今是品牌力的时代。而在这样的时代，尽管做成一个优秀的品牌不容易，但如果一味地讲产品的销售和短期的市场目标，因为自己是中小企业便放弃品牌的创建，无疑和时代潮流背道而驰。

二、激活品牌卖点战略

一个成功品牌的塑造一般需要三个阶段，即逐步从产品品牌、企业品牌发

---

① 《"爱国者"永不言弃品牌理想》，载《中国企业报》2013 年 4 月 1 日。

展到社会品牌，身处的阶段不同，企业所面临的环境差异也很大，必须把握时机，有的放矢，采取不同的重点策略。

产品品牌阶段，消费者对产品的核心利益不清晰，品牌的个性应基于产品的功能、特点、用途，并针对主要消费群体进行定位，明确地告诉消费者产品能给他带来的基本利益，形成消费者对品牌的识别。例如德国大众汽车公司生产的甲壳虫牌轿车，就是以结构紧凑、轻便省油、成本低、独特的流线型车身为其品牌特征的。

企业品牌阶段，随着技术的不断完善和市场竞争的加剧，功能性特征差异越来越小，依靠产品特性优势而奠定的品牌个性已不再明显，核心卖点必须围绕产品的差异性来做，不仅要突出自己的品牌特点，同时要能直接打击竞争者。山西品牌比较落后，多数不是最先进入市场的领先者，而想要成为竞争者应注意在核心卖点提炼时，产品的特点不一定是独特的，因为同质化程度高的众多产品要独特并不是容易的事情，但一定要将竞争者没有讲出来的特点第一个讲出来。

三、提升顾客忠诚度战略

由于品牌与消费者的关系是品牌价值的体现，因此企业创建品牌必须重视消费者，强化二者之间的联系。成功的品牌总是牢牢地把握住消费者，引导他们由对品牌完全缺乏认识到开始购买，再促使他们攀上忠诚的阶梯，并对品牌完全理解支持。对于大多数山西的企业而言，这方面的工作才刚刚起步。

（一）从理念上强化

品牌与消费者的关系是一个从无到有、从疏远到亲密的过程。随着时间推移，消费者经历对品牌毫无印象、开始注意、产生兴趣、唤起欲望、采取行动、重复购买几个依次推进的阶段，最后成为品牌的忠诚客户。但对某一特定品牌而言，并非所有的消费者都会走完全部过程。使消费者持续购买的关键在于对品牌感到高度满意。因此，从理念上强化品牌与消费者的关系就是要树立

"顾客满意"的观念，重视真正的顾客价值。丰田公司就指出"消费者对丰田车如此满意是因为我们的不满意"。而我们的地方企业在创建品牌的活动中往往忽视了这一点，他们进行大投入、大宣传、大促销，不断地进行广告和品牌轰炸，却没有真正追求消费者的满意。

另外，顾客的满意应是全过程的满意，即企业必须从顾客第一次接触品牌到为他们提供了"全过程的服务"为止，都小心地呵护他们，特别是在考虑如何削减费用时，要从顾客不会轻易看到、摸到、闻到、听到的地方开始。最重要的是，在顾客能接触到的地方，要尽可能保持水准。最薄弱的环节，如休息室的环境才能体现出顾客眼中真正的价值。

（二）从策略上强化

在当前市场动荡、消费者需求多变的社会环境中，品牌与消费者关系的维系变得越来越困难，企业必须以长远的眼光来看待品牌与消费者的关系，使二者充分沟通。在沟通的过程中，有两个策略非常重要。一是以信息为导向的个性化策略。过去，由于成本因素的限制，个性消费难以满足。但是，一旦技术上有所突破，使成本降至可接受的水平，个性化需求的本质就展现出来。专家认为，生活的富裕和受教育程度的提高，是导致消费个性化的主要原因，而电脑技术的普及又使个性化消费成为可能。强化品牌与消费者的关系必须了解消费者的需求及其变化，在建立顾客资料库的基础上，进行个性化营销。企业应视顾客资料为公司的重要资产，试着向任何接触到顾客的人，搜集有关顾客的各种资料，最后，运用这些资料，瞄准特定的顾客群，使个别消费者完全而持续的满意。二是整合营销沟通策略。20 世纪 90 年代以来，整合营销沟通成为一种趋势。其基本主张是要将各种沟通工具，如商标、广告、直接推广活动、企业形象等一一综合起来，使目标消费者处在多元化目标一致的信息包围之中，从而对品牌和公司有更好的识别和接受。强化品牌与消费者的关系，与整合营销沟通两者是相互依存的。企业必须将品牌传播沟通组合中的所有要素协调整合，以符合消费者在与品牌接触的各个阶段中的不同需求。

（三）从实践上强化

实际工作中注意几点：第一，保持消费者对品牌知名、态度及使用状况的追踪。其中任何一个因素的变动都应当引起企业的注意。品牌知名是消费者对品牌名称的了解程度，它是建立品牌与消费者关系的第一步，是培养忠诚顾客的基础；品牌态度是消费者对某一品牌的总体看法，它显示消费者对某一品牌的偏好。而偏好的变化可能意味着消费者需求的变化，也可能表明品牌在某些方面令消费者不满；品牌使用是品牌健康程度的指示。如果消费者目前正购买或使用某个品牌，可以预期他会继续购买。因此，近期购买量的下降意味着问题的出现。第二，建立顾客的信息反馈系统，不断搜集了解消费者需求和偏好的变化，以及对品牌的意见，以便为消费者提供个性化的服务。互联网的发展，为品牌与消费者沟通提供了更为便利的方式。充分利用互联网不仅可以展示商品，发布企业信息，还可以连接资料库，提供有关的信息查询，与消费者进行一对一的沟通。第三，策略的长期性。品牌与消费者的关系是长期积累的结果，并非一日之功。许多世界知名品牌都有相当长的历史。如"可口可乐"已有 100 多年的历史，"万宝路"的形象也风靡了 40 余年。消费者对品牌的深刻印象必须经过长期一致的营销活动，做长期的努力。

四、依托强势经销商发展品牌战略

品牌的发展过程和山西的品牌现状决定了山西创建新品牌会以中小品牌为主。中小品牌没有大品牌的规模和资金优势，没有很高的知名度和美誉度，在经营管理规范、技术质量体系等方面与大品牌存在巨大的差距，抗风险能力更是远低于大品牌，此外，更重要的是中小品牌没有实力建立全国范围的营销网络，想要生存和发展必须依托强势经销商的支持。

（一）认清自身的优劣势

劣势已经提及，同时，中小品牌拥有大品牌不可能的优势。中小品牌企业规模小，但经营机制灵活，随时能跟上社会发展趋势，采取灵活有效的营销策略，满足消费者需求，保障经销商的高额利润；可以迅速集中全部优势资源在局部地区开展大规模的促销活动、市场建设活动，成为本地市场的主流；中小品牌大多在一个地区采用一个总经销商或代理商，可以确保大经销商的利益，而且由于中小品牌相对较少的广告宣传活动，节省大笔费用，给予经销商的返点或回扣往往较多。中小品牌在与强势经销商打交道的时候，只要把握自己的优势，尽量避免劣势，就可能为企业开创一片新的天空。

（二）以利益为核心

强势经销商看重的"利益"实质上包括单纯的"收益"、经营风险和现金流三个方面。单纯的"收益"前面已经提到，中小品牌可以提供给强势经销商丰厚的利益回报；从经营风险来说，中小品牌不必进行全国大规模的品牌宣传活动，节省下来的经费可以全部用在市场建设和终端促销上面，从而将产品尽快销售出去，减少经销商库存，缩短周转时间，提高资金利用率，降低经营风险；从现金流来讲，中小品牌为了在旺季来临之前，或是从平时起就注意加强与强势经销商的协作关系，可以给强势经销商铺货、抢先"占领"经销商的库房，增加经销商的现金流（先放货后收款等于变相的为其提供额外的现金流）。最后，开拓发展，共同进步。现在的市场竞争程度已经远远超出企业和经销商正常竞争的程度，强势经销商虽然在目前表现出良好的发展势头，但外忧内患始终是存在的，中小品牌如能联合强势经销商，共同进步无疑是大有裨益的事情。

五、品牌延伸战略

品牌延伸对企业而言，既可能是一本万利的好事，也可能是前进中万劫不复的深渊。未经理性决策和操作不够科学稳健的品牌延伸是很危险的。要有效回避品牌的延伸风险，并大力发挥品牌延伸的作用，使企业迅速上新台阶，必须了解什么才是适宜的品牌延伸。

对于中国企业而言，当市场环境恶化以及企业试图扩展市场时，品牌管理者会受到影响而试图对品牌进行垂直扩张，这是毫不奇怪的，他们会把品牌引入到表面上看来吸引力更大的、比他们现在所处的市场位置高一等级或低一等级的市场中去。而且，对于追求增长的公司来说，扩张到欣欣向荣高档市场或超值低档市场的强烈欲望是很难抗拒的。并且在某些情况下，这种垂直的品牌扩张不仅仅被证明是正确的，而且是生死攸关的，即使对于具有规模经济、品牌资产和零售影响等优势的最优秀的品牌也是如此。但是，利用一个品牌进入高一等级或低一等级市场的风险，比这种品牌最初创建时的风险看起来还要大。一般情况下，企业应该尽可能避免使用垂直扩张的方法。这个概念本身存在着内在的矛盾，因为品牌资产在很大程度上是建立在对它的形象和价值判断上的，垂直扩张很容易破坏这些特性。当然，"永远不"不是绝对的。

近些年来，在消费品和服务的每一个大类中，产品数目都在迅速膨胀，并且这种增长势头丝毫没有减弱的迹象。大多数企业都在采用产品扩张战略，特别是产品线延伸即品牌水平延伸策略，而且大多都是全速前进，山西省也不例外。与此同时，越来越多的证据与失败的案例表明，如果这一进攻性策略未能管好，就会存在许多潜在的危险，如隐性成本增加、品牌形象削弱等。要成功实现品牌水平延伸就必须综合考虑所涉及的各方面因素。诸如品牌核心价值与品牌个性、延伸产品与原有产品的属性、延伸产品的市场前景和竞争状况、企业财力与品牌推广能力等等。其中，品牌核心价值与产品属性两项要素最为重要。

首先，应符合原品牌的核心价值。一个成功的品牌有其独特的核心价值，一般来说，若核心价值能包容延伸产品且产品属性不相冲突，就可以大胆地进行品牌延伸，也就是说，品牌延伸不能与品牌核心价值相抵触。例如，皮尔卡丹从服装延伸到饰物、香水、家具、食品、酒店甚至汽车。同样，登喜路、都彭等奢侈消费品品牌一般都有西装、皮包、手表、钢笔、香烟等关联性甚至很弱的产品，因为这些产品虽然物理属性、原始用途相差甚远，但都能提供一个共同的利益，即身份的象征、尊贵的标志，能让人获得高度的满足感和"自尊"。如果这些品牌生产极便宜的产品，就会与原有品牌的核心价值相背离，品牌的延伸就会失败。第二次世界大战之前，美国的豪华车并非凯迪拉克而是派卡德，它曾是全球最尊贵的名车，是罗斯福总统的座驾。而派卡德在20世纪中期推出被称为"快马"的中等价位车型，尽管销路好极了，但高贵形象不复存在，企业从此走向衰退。这与派克生产低档钢笔惨遭失败有惊人的相似①。

其次，应注意产品的关联性。它是指延伸产品与原有产品属性具有相关性。海尔的延伸就较好地遵守了产品的关联性原则，海尔以冰箱起家，向同类别的白色家电延伸，再以白色家电为核心，向相关领域如黑色家电、移动通信等领域拓展，其延伸过程基本遵循了产品的关联性原则。而海尔涉足医药领域，与海尔的原有产品属性产生抵触，特别是该领域竞争非常激烈，即使专业的医药品牌也颇感力不从心。海尔以与本身属性并不相关的延伸产品进入，无法说服消费者，不仅很难立足，还损害了品牌价值，造成"品牌稀释"。再比如，娃哈哈延伸到酒，活力28延伸到水饮料，都是不合适的。说到底，消费者不敢喝娃哈哈的酒，因为感觉里面掺了水；更不会喝活力28纯净水，因为总觉得水里有洗衣粉的味道。

最后，非常个性化和感性化的产品不适宜品牌的延伸。如LG作为国际大品牌，无疑能给人品质有保证的感觉，在所有的电器、手机、零部件乃至乳胶漆都用了LG品牌，但面对化妆品这样极其感性化和个性化的产品，品牌名称、包装、设计、文化内涵能否获得消费者的审美认同是成功的关键，靠硬邦邦的品质保证无法获得消费者厚爱时，就不得不推出新的品牌"蝶妆"。

六、品牌创新战略

社会时尚在变，经营环境也在变，只有不断符合时代的要求，进行品牌创

---

① 核心价值的包容性是决定品牌延伸成败的根本，世界经理人，网址：http://blog. ceconlinebbs. com/BLOG_ARTICLE_205781. HTM.

新，老字号品牌才有生命力。

（一）体制创新

山西的老字号企业必须按照现代企业机制进行规模化、标准化、专业化运营；必须建立现代运营体制，体制不改，一切创新都是空话。体制的创新不光带来生产效率的提高，单纯从品牌形象的角度考虑，企业名称作为最基本的形象识别要素，会给品牌带来巨大的新意。

（二）技术创新

这是一个最有效的方法，尤其是对于高科技企业，品牌老化问题往往是致命的。而对于这类企业，品牌创新最重要的是要依靠技术创新。中国的海尔、联想之所以能保持长久的生命力，与其在技术上的创新力是分不开的。长虹通过精显背投彩电的推出形成了强大的竞争力，也扭转了在人们心中品牌老化的印象；名人起初在 PDA 领域被商务通压制，逐渐变成老化品牌，而通过智能王等技术特点明显的产品也改变了品牌老化的形象。现代社会，技术进步已经越来越快，许多行业大量出现了替代性的甚至足以颠覆所在行业的新产品或服务，在技术上落后自然会波及品牌。

（三）产品创新

老字号企业要树立以市场为导向的思想，根据市场需求调整产品结构，以适应新的需求变化。摩托罗拉就是通过推广传播"MOTO 概念"并在同时通过一系列的产品创新改变了保守、活力不足的消费者印象。

（四）改变品牌识别形象

首先是概念创新，在产品及品牌识别方面提出一个全新的概念。许多著名品牌的发展过程，都伴随着企业视觉形象的不断创新的过程。壳牌、奔驰、可口可乐及国内的海信、科龙、春兰等都是现实的例子。创新一般采取一种迂回的方式，它对标识和包装不断予以变化，从而积少成多、循序渐进地更新品牌形象。虽然变化甚微，但这些变化仍是创新，同时又使消费者认同感相对不受影响。突然变化可能会失去消费者的信任，在消费者的体验没有得到相应改善的情况下，标识和公司的突然变化会导致消费者对立的情绪反应。比较起来，人们更乐意接受逐步的变化。壳牌就是逐渐演变的好例子，壳牌标识自 1897年采用后，经历了十余次变化，而且一直保留了贝壳的标志（贝壳通常被认为是海洋的象征，体现了企业对新观念、新产品、新方法的探索与追求），从而体现公司更好为顾客服务的精神，实现品牌创新。

（五）营销方式和内部管理创新

长期以来，老字号主要是凭借口头传播建立声誉。然而，在当今快速的信息流和广阔的商业圈面前，这种方式限制了品牌传播的速度和广度。必须加大品牌的传播力度，大规模地进行品牌形象推广，赋予品牌以新的内涵。

管理创新是企业发展的灵魂，要以企业生存与发展为核心来指导品牌的维系与培养，诸如与品牌有关的观念创新、管理制度创新、管理过程创新等。

七、政府的政策机制保障

实施品牌战略，是一项系统工程，需要政府、企业和社会各方面的共同努力。尤其是政府，首先应该转变职能，做好规划、引导、扶持和保护工作，营造实施品牌战略的良好环境。要把实施品牌战略纳入国民经济和社会发展战略当中，作为加快产业结构调整、振兴地方经济的战略举措。应制定相应的实施品牌战略的具体规划和相关配套政策。特别是要以现有著名、驰名商标企业及有实力成为名牌的企业为龙头，推进社会资源和生产要素向这些企业集中，推进企业实行跨地区、跨所有制的优化组合，引导和扶持这些企业尽快做大做强，打造成为名牌集团，形成"山西形象"。

充分发挥好工商部门在实施品牌战略中的重要职能作用，确立商标的核心地位。围绕商标的确权、用权、维权，抓好四项工作：一是抓注册，增加注册商标总量，把支柱行业、重点企业、高新技术产品和农副土特产品商标注册工作列为重点，尤其是配合有关部门，对山西省的能源原材料产品和企业，进行抢救性商标注册；对农副土特产品和地理标志产品加快证明商标、集体商标的注册步伐；对旅游及社会服务项目加大商标的注册力度；指导山西省出口企业进行马德里国际商标注册，保护好民族知识产权；二是抓引导，对商标的选择、使用、管理、保护及时给予指导；三是抓扶持，帮助注册商标专用权人正确运用商标策略，依法实施品牌经营；四是抓维权，严格商标执法，查处商标侵权行业，为企业实施品牌战略扫清障碍，保驾护航。

第四章
转型发展背景下的山西汾酒品牌建设

伴随着中国市场经济的不断发展和粮食产量的逐步提高，白酒行业也得到了很大的发展。近年来，白酒企业之间的竞争日益加剧，加上国家的有些政策对白酒行业的发展有着不利因素，尤其是近几年，由于受到塑化剂事件、禁酒令的影响，白酒行业面临着更加严峻的挑战。所以，白酒企业务必改变守旧的经营理念，努力探寻适合自身发展的管理战略，才能在严峻的宏观环境和激烈的市场竞争中重获生机，赢得长远的生存和发展。

被称为"清香始祖"的山西汾酒品牌有着厚重的文化内涵和悠久的历史，从北齐武成帝的极力推崇到新中国成立后国家五次评酒中均获得"国家名酒"的光荣称号，汾酒在民众的心中有着不可替代的尊贵地位。汾酒业绩曾在中国饮品行业中持续六年第一，是名副其实的"汾老大"。但后来市场占有率、品牌知名度、竞争力与发展力均有逐步下降的局势。本章就针对山西汾酒品牌的建设进行了相关论述。

第一节　山西汾酒品牌建设存在的不足

一、品牌营销方式守旧

经过 2010 年的转折性发展，汾酒的销售总额已突破 50 亿元大关，随后汾酒的销售额也已呈现出增长的趋势。这很大程度要归功于全国白酒行业本身发展和消费整体升级，并不是市场的占有率增高所得。特别是经过 2012 年中国白酒行业中的劫难，汾酒也未能幸免。汾酒集团要想在此条件下寻求全国化的战略扩张，完成跨越式的发展，首先要处理好营销的方式。汾酒集团的营销方式始终都是守旧的买卖贸易关系，虽然这种营销方式曾经使汾酒灿烂了很长时期，然而随着我国白酒行业竞争环境的瞬息万变和竞争的日益激烈，守旧的大经销商制度已经对酒类企业的发展壮大产生了很大的制约作用。

首先，名酒公司如五粮液、郎酒等已经率先引进了深度的营销方式。在省内省外的各市级市场有的县级市场均设立了办事处，在对终端市场的拓展上，利用经销商和厂家"1 + 1"合作式营销拓展，按照"团购 + 商场 + 超市 + 名牌烟酒店"四盘互动拓展和管理控制方式，进一步对终端市场进行拓展与控制。以五粮液、郎酒、剑南春为代表的高端品牌对终端市场强有力的运作也给汾酒的经销带来很大的威胁。

其次，地方性强势品牌如内蒙古河套、河南宋河等也正在紧锣密鼓地进行渠道精耕，加强了对地方性终端市场的监管和控制，对汾酒进军全国化市场有着很大的阻碍作用。

所以，山西汾酒应当认清形势，对原有的守旧的营销方式进行彻底更新，才能够在新的愈发激烈的市场竞争中赢得胜利[①]。

二、品牌的作用没有得到充分认识

众所周知，品牌就是利益认知、文化传统等价值观念的代表，对品牌进行铸造是时间、精力、财力与人力的恒久性投资，品牌资产对于企业来讲是一种无形的资产，具有增加企业自身凝聚力、吸引力和感染力等功效，对提高企业的知名度和美誉度有着积极的影响，也是推进企业发展的重要源泉。不能够充分认识到品牌的作用，对塑造品牌的重视程度不够，企业都不可能获得长期不

---

① 崔志宏：《山西汾酒消费转型战略研究》，兰州交通大学硕士学位论文，2015 年。

断的进步和发展。目前，山西汾酒也已逐步充分地认识到自身品牌中所存在的问题：

（1）杏花村酒、汾酒品牌文化互相交错、互相混淆。对品牌的重点诉求不鲜明，多方面的谋求传播诉求，不能够集中重要焦点价值进行传播，对品牌的长期构建产生着不利的因素。

（2）品牌力度不强。山西汾酒集团推出的高端品牌有国藏汾酒和青花瓷汾酒，并没有中档品牌作为支撑。当前的品牌力的支撑点则大部分都集于老白汾、紫砂、杏花村等中低端产品上，并且它们都是区域品牌，销售量和收入额都是有限的，很难支撑国藏汾酒和青花瓷汾酒向高端市场推进。

（3）山西汾酒集团的三大主打品牌的发展也很不均衡。当前汾酒独占鳌头，杏花村与竹叶青则是依靠汾酒进行出售，传播力度远远不够，出售区域和发展空间受到很大的限制，亟须进一步突破。

总之，山西汾酒集团对品牌的淡薄意识是其沦落为地方酒的重要原因之一。

三、品牌延伸不合适，导致商品同质化严重

当前各种香型白酒占中国白酒市场比例如图 4 - 1 所示，浓香型白酒占70% 左右，而曾一度在白酒市场独领风骚的清香型白酒只占约 15%，米香、酱香和其他香型的白酒约占 15%①，并且这种差距好像有越来越大的走向。不同地方性的白酒和地方文化、饮食习惯、气候环境等因素互相作用而形成具有自身特色的风格，可以说区域白酒都有自身个性，都有优点和缺点，但是尺有所短寸有所长，努力挖掘发扬优点克服缺点才是王道，但是近年以来我国很多白酒都没有能坚持自己的特色，盲目跟风地模仿川酒，而最终导致商品同质化。

---

① 2010 - 2015 白酒行业分析，网址：http://www. 360doc. com/content/15/1017/12/27524068 _ 506258406. shtml.

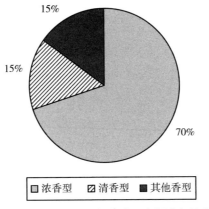

15%

15%

70%

浓香型　☑清香型　■其他香型

图4-1　各种香型白酒占中国白酒市场比例

目前而言，汾酒的知名度和美誉度同茅台、五粮液相比已有很大的差距，其主要是因为品牌的延伸不恰当、投入经营的欠缺。例如：在广告宣传上，不能以清香型为中心的特别诉求去策划；在文化的传播上，不能仔细以清香型白酒的清雅个性去创制；在对产品的定位上，不能以清香型白酒的品质差异进行详细定位；在市场的主体上，不能以清香型白酒的消费团体去选择，致使清香型白酒"清而不香"，不容易芬芳醉人，不能吸引广大消费者。

在目前浓香型白酒占据市场主导地位的情况下，汾酒集团不能坚持自身的个性特色，顺势成立山西杏花村汾酒集团四川有限责任公司，主要生产浓香型杏花村品牌汾酒。汾酒集团的其他合作公司也相继推出了蓝花盒浓香型杏花村特酿等浓香型白酒。虽然在短时间内，这样跟进市场局势会增加商品的销售量，提升企业的利润，然而汾酒自古以来就是清香型白酒的典型代表，这也是因为其特别的酿造工艺所注定的，倘若单纯地将汾酒的香型改变，恐怕就得不偿失了。清香型汾酒的独特之处就在于入口绵、落口甜、净爽、饮后余香且回味悠长，给消费者留下不可磨灭的印象。倘若香型变化，会给人留下不伦不类的感觉。况且，汾酒集团的这种盲目跟风行为，虽可以在短期内增加企业的利润，若自身不努力去培养市场，积极引导消费者，一味盲从，那么在将来残酷的市场竞争中依然不能占据主动地位。

四、品牌文化发掘薄弱

品质和文化内涵是汾酒与其他白酒的本质差别。光鲜的个性、优越的品质、特有的文化内涵，这些有利条件足以让汾酒形成具有个性特色的文化系统，应该使其在细分市场中具有绝对的强有力品牌。但是，汾酒在文化中的发掘上依旧处于薄弱时期，在一定程度上存在着欠缺。

（1）清香文化的传播力度不够强，凝聚力不强。汾酒是名不虚传的清香型白酒的代表者，目前很多区域酒均在高举"清香"的名号，准备抢占清香品类。倘若汾酒再不重视清香型代表的宣扬，就很难立足于清香品类领头雁的位置。

（2）品牌文化不是很明晰。汾酒、竹叶青、杏花村的品牌文化内涵还没有得到明确的疏通与归纳，其主要表现在文化的纯粹堆叠与列举上，欠缺互异性，没有体系性和层次性。给人的印象比较肤浅，可以如数家珍的更少。

（3）情感文化宣传不力。消费者和汾酒间的感情培养不够深，只依赖消费者和产品间的单调交流，消费者和品牌之间的交流依然处于空白的低级阶段，也正因如此，才造成汾酒品牌严重匮乏情感文化。

第二节　山西汾酒品牌建设的文化营销策略

一、文化营销及其功能

（一）文化营销的含义

现如今物质财富越来越丰富，人们对文化的需求也就越来越高，文化营销的思想存在于市场营销理论之中，国外的学者侧重于跨文化营销领域的研究，关于文化营销并没有系统的研究，国内关于文化营销的概念也是众说纷纭，但概念表达集中于将文化营销这种营销活动定义为，企业有意识地发掘、辨别、培养或者是创造某种核心价值观念，通过这种观念影响和打动消费者，以此来达到企业的经营目标。

这些概念的表达多忽略了消费者的各项需求是在不断提升的，单纯的物质需求已经无法满足消费者，必须将物质需求与文化需求相融合才能满足消费者的需求，这种思维指导下而形成的文化营销，是一种新思维下的营销方式。另外还忽略的一点是，文化营销不是简简单单地融合文化因素就够了，还需要在融合文化因素的同时不断地进行创新。

新形势下的文化营销应该是这样的：营销者有意识地通过发掘、甄别并且要不断地培养消费者的各项精神文化需求，同时调动各种可利用的文化因素不断地创新产品和服务，文化营销关注于营销内容和不同角度的营销体验，营销整个过程的参与者都能够得到满足，这其中不仅仅是消费者，还应该包括生产商、经销商、中间商和消费者的满足。

（二）文化营销的功能

1. 帮助企业构建差异化，创造竞争优势

消费者是通过产品的不同性能和商家的不同服务来感受企业的差异化策略的。现如今，科技的迅速发展，导致了技术准入门槛的降低，大多数产品都面临着同质化的威胁，同时一些仿冒产品也以低廉的价格来抢夺市场份额，企业之间的竞争越来越激烈，仅仅通过更新产品来领跑行业已经越来越不现实，技术壁垒不断被突破，而有一种叫作文化的东西却是竞争者所难以复制的，他是根植于企业的，很难被竞争对手所模仿超越的。马斯洛的需求层次论表明，人的欲望也是一步步得以实现的，当物质需求得以满足，人们就会追求更高层次的东西，这就是精神需求，而消费者需求层次不断提升，精神需求又往往起着绝对性的作用。而企业要想真正满足消费者的精神需求就需要从文化上下功夫，用文化去塑造差异化。

当企业的产品或者服务被注入丰富的文化内涵，就能够有效地与竞争对手

相区别，提升了附加值，取得了竞争优势。丰富的文化内涵使产品定位明确，可与目标消费者产生共鸣，增强其品牌忠诚度。

2. 打造企业核心竞争力，以实现竞争优势

企业的核心竞争力分为三个层面，即产品层、制度层和核心层，这其中的核心层是最为重要的，它涵盖着企业文化、企业形象、企业创新力、企业特色等方面。而核心层的打造离不开文化建设，这也突出了文化营销在打造企业核心竞争力中的重要作用。

文化营销通过对消费者的感染塑造良好的品牌形象，赢得消费者的认可，对品牌产生认可和依赖；通过文化营销打造出的企业核心竞争力是不容易被其他企业所模仿超越的，带领企业走出同质化的丛林，从产品和服务上创造出独有的东西；文化营销通过目标市场的现状不断进行调整、适应，打造出适合于目标市场文化诉求的品牌，与消费者形成共鸣；文化营销为企业提炼出其独有的价值观，能够使消费者长期认同企业、接受企业，使企业屹立不倒。

3. 为企业增加附加值，巩固企业竞争优势

附加值即附加价值，是除去产品原有价值而新创造出的价值。产品在满足消费者物质需求的基础上，同时满足消费者的精神需求，使消费者为其享受的产品和服务愿意支付更高的价值，为企业带来超额回报。消费者购买一项产品和服务不单单是建立在产品和服务本身的功能和价值之上，还包括产品和服务带给消费者感性追求的一些软性价值。例如，消费者坐在星巴克里喝咖啡，喝的不仅是咖啡良好的味道，还有坐在星巴克里所感受的小资的文化氛围。

增加附加值的方式有多种，改进技术、降低成本、更新产品等都是容易被竞争对手所模仿的，而通过产品和服务来传递一种文化，当这种文化成为一个烙印根植于消费者心中，这种方式是不能被模仿和超越的。

4. 增强凝聚力，升华企业竞争优势

这里的凝聚力，既包括企业内部员工的凝聚力，又包括产品和服务之于消费者的聚合力。文化营销有利于企业文化的建设，使内部员工认同企业文化，融入企业文化，与企业形成统一的价值观，得以团结一心，众志成城，共同为企业的明天努力。文化营销同时将企业的文化向外扩展到消费者，使消费者认同企业的价值，同时通过企业来实现消费者个人的愿景，这样也将消费者锁定为企业的忠实客户。

二、汾酒品牌文化的塑造

品牌文化的核心是品牌的文化内涵，它将品牌的物质效用与品牌精神高度融合，来满足消费者物质与精神的双重需求，以达到消费者对品牌的信赖感与依赖感，形成对品牌的忠诚度，消费者对于品牌的深刻记忆不仅是产品满足其物质需求，更多的来源于品牌文化的深刻内涵和精神诉求。品牌文化是品牌战略的核心内涵。

汾酒集团在对其品牌进行文化塑造的过程中，始终坚持"诚信"这一中华民族传统，有步骤、有重点地进行品牌文化塑造。

（一）打造历史文化名酒

汾酒集团整合其品牌文化资源，悠久的品牌历史文化，打造历史文化名酒，三大国家驰名商标，打造品牌知名度，导入 CIS（品牌形象识别系统），强化消费者品牌记忆。

（二）建立汾酒品牌价值体系

建立汾酒品牌价值体系，收集整理汾酒品牌的内外部文化资源，根据汾酒"中国酒魂"的品牌定位，将汾酒相关文化元素整合提炼，总结出"用心酿造，诚信天下"的汾酒核心价值观，并围绕这一核心价值观，建立汾酒品牌的价值体系。

（三）建立完整的汾酒品牌文化体系

汾酒集团在突出汾酒历史和传承的基础上，一直致力于将汾酒打造为卓越的民族品牌，它明确了汾酒"中国酒魂"的战略定位，成功打赢"三大文化战役"，打造了中国白酒行业绝无仅有的"中国酒魂"信仰体系和汾酒信仰营销体系，以复兴中国白酒酿造为己任，带着汾酒的激情与梦想，开启汾酒"中国酒魂"时代。

（四）建立汾酒品牌文化管理体系

对内，汾酒集团不断加强企业文化建设，完善各项规章制度，随时随地进行员工培训，使全体员工的个人价值与企业核心价值观高度一致；对外，通过各种媒体，围绕品牌核心文化，进行统一的文化传播，影响感染消费者认同汾酒品牌文化，最终达到品牌忠诚。

汾酒集团在其品牌文化塑造的过程中，也是在不断地探讨摸索中前进，不断总结经验教训，不断开拓创新，最终形成汾酒品牌文化的价值体系。

三、利用文化营销扩大品牌知名度

文化营销是要将文化根植于营销活动之中，以文化之差异，而形成差异化营销，谈到根植，就是要将文化落实到营销活动的各个环节，达到落地生根的效果。可以说，这是文化营销的关键点，若没有文化落地，文化营销也终将化为乌有。

（一）明确汾酒文化传播的文化内容

汾酒集团作为一个营销者，首先传播的是其企业文化，企业文化作为企业的核心价值观，外化于行，内化于心，是要内化到每个员工心灵深处的，消费者通过企业员工的价值观与行为来了解一个企业的文化，从而认可和接受一个企业。

在汾酒的员工都有这样的信条：

以务实之心，维护汾酒。

以感恩之心，传承汾酒。

以进取之心，报效汾酒。

以赤诚之心，忠于汾酒。

员工与企业有着共同的价值观和情感，汾酒集团的所有员工都是这种文化的传播者。

其次，汾酒在传播一种价值观和生活方式。这是汾酒集团根据社会文化环境和消费者个性特点，对消费者进行的文化引导。汾酒集团一直在传播"清香"和"诚信"的理念：清香，不仅指汾酒的香型和汾酒的品质特征，更是对汾酒集团的品格和汾酒人品格的描述，清香，有清正、廉明、芬芳之意，在物欲横流的社会给消费者注入一缕清香，一种简朴纯真，回归自然的生活方式；"诚信"这不单反映了汾酒从酿造，到营销宣传，以及企业管理的每一个环节都重视的理念，更是中国传统文化不可或缺的一部分，同时符合现代社会人们渴望与追求的价值观①。

（二）汾酒文化全方位传播策略

文化传播路径影响着文化传播的效果。汾酒集团的文化传播路径，围绕汾酒"中国酒魂"的定位，进行全方位的传播。

1. 对内传播

汾酒集团不断地对企业内部员工及干部进行文化培训、教育、宣传、灌输，其培训体系涵盖了汾酒酿造的核心生产工艺、汾酒文化发展史、各岗位相匹配的职业素养等。并将优秀的经营管理人员送到清华大学，工程技术人员送到江南大学进行脱产培训；聘请专业咨询公司，对营销人员进行指导培训；建立汾酒职工教育中心、汾酒网络课堂等。内部培训和外部培训相结合，多种形式，随时随地对员工进行文化传播。

2. 对外传播

广告宣传方面，汾酒广告宣传谓之"天网工程"，高空地面蓝海全面覆盖，在中央电视台主打形象，在地方卫视强化认知，同时报纸杂志、网络媒

---

① 任慧敏：《山西汾酒文化营销研究》，天津大学硕士学位论文，2014 年。

体、广播媒体、户外 LED 广告、路牌、公交车体等广告形式全面接入，将传统媒体与新媒体相结合，全面营造了汾酒良好的氛围。同时，宣传内容高度统一，宣传有导向、有侧重，在机场、高铁、航空杂志的广告投放上，定位高端人群，主打开启尊贵生活的青花瓷汾酒；公交车体广告主打亲民品牌，老工艺、老味道的老白汾酒。可以说，汾酒集团的广告宣传是立体的、全方位的，有效地传播了"中国酒魂"的理念。

事件营销方面，2012 年汾酒在北京京都大酒店召开纪念大会，庆祝汾酒成为共和国国宴用酒 62 周年，揭开 1949 年中国人民政治协商会议第一次全体会议，毛主席亲定汾酒为新中国第一次国宴用酒的历史事实。汾酒此次借题发挥，揭开白酒行业很多企业无中生有，编造历史、编造文化的内幕，为汾酒的文化营销、事件营销打了一场漂亮战。接着，汾酒又揭开 1915 年，巴拿马万国博览会，汾酒获得"甲等优质大奖"的历史事实，揭露了其他酒类关于此事件的不实宣传，同时宣布汾酒集团将于 2015 年举办一百周年庆典活动，借此举办世界酒文化博览会。

出版物方面，汾酒集团正式出版《汾酒通志》《杏花村文集》《杏花村珍藏历代酒器集》《国画中国酒魂》系列连环画等，系统、生动、艺术地展现汾酒文化①。

文体宣传方面，汾酒集团创作并制作由纪连海老师讲述的《中国酒史讲座》；大型现代晋剧音乐剧《杏花酒翁》在全国巡回演出，讲述一代汾酒宗师人生；电视剧《杏花魂》开播；全资收购中宇男篮，更名山西汾酒职业男篮俱乐部；另外还有很多晚会赞助等②。

公益宣传方面，汾酒集团公益基金高校助学活动；地震无情，汾酒有爱；慰问最美环卫工人；弘扬真善美，一周一楷模；举办汾酒公益杯全球华人华裔文言文大赛，等等。

---

① 《珍藏版〈杏花村诗书画文选〉首发仪式隆重举行》，凤凰网时尚，2011 年 1 月 21 日。
② 《汾酒荣获巴拿马万国博览会甲等大奖章 100 周年纪念活动启动》，中国新闻网，2014 年 5 月 20 日。

四、汾酒品牌中国行战役

汾酒品牌中国行开始于 2013 年 6 月，2013 年 12 月结束，半年时间，先后在北京、呼和浩特、广州、成都、杭州、重庆、南昌、上海几大城市举办，这一活动是由山西省商务厅牵头，山西省财政厅等联合举办的。汾酒与清徐陈醋、柳林大枣、沁县小米、汾酒核桃、柳林碗脱、平遥牛肉等诸多的山西老字号、驰名商标产品、名优特产一道走出山西，到全国各地区巡展。山西第一品牌汾酒和众多山西的优质品牌一起组团作战，共同宣传山西文化、晋商文化、自身品牌文化，取得了显著的效果。继汾酒品牌中国行的强势宣传之后，2014年，汾酒集团又开始了新一轮的品牌中国行，4 月 17 日登录南京，5 月 9 日登录天津津洽会，可以说汾酒与山西的其他品牌一起打响了山西品牌文化的宣传战役。

汾酒的品牌中国行的现场，除了展现品牌文化的大手笔布景，还有生动的现场产品展示、工艺讲解、美酒品鉴、观众互动等环节，在与消费者的文化互动过程中，激起消费者的文化共鸣。值得一提的是，在南京站，微信集赞赠礼，微信互动等活动，让品牌宣传更接地气，拉近了作为高端白酒的汾酒与青年一代消费者的距离，展现了汾酒品牌时尚现代的一面。

汾酒在与众多山西品牌携手走来，共同打造宣传山西品牌，达到了"1＋1＞2"的效果。汾酒悠久的历史文化，离不开黄河文化、晋商文化，而汾酒与众多的三晋名品一同亮相，展现了汾酒品牌文化中不可割舍的故土情结、晋商情结，更容易引起酒类消费者的共鸣。同时，通过品牌中国行，产品展示、美酒讲解、观众互动等更多的环节，拉近与消费者的距离，让消费者有更多的机会体验汾酒文化，在文化的互动过程中，了解汾酒的品牌文化，了解汾酒传递的价值观、品位、格调、生活方式等。品牌中国行的活动，从开始之初就被赋予了宣传品牌文化的使命，它作为一系列活动在各大城市之间宣传对品牌宣传起到了很好的促进作用，同时媒体的跟进报道，更是把品牌宣传推到了一定的高度，它在传递品牌文化诉求的同时，让消费者接受品牌、认可品牌，提高消费者对品牌的忠诚度。品牌中国行，就像是一个小小的火种，走到哪里传播到哪里，达到燎原之势，带动品牌的腾飞。

汾酒集团在高举文化营销大旗的同时，打出了一系列漂亮的文化营销战役。汾酒带着"振兴国酒"的激情与梦想一路向前，秉承用心酿造、诚天下的理念，不断地创新变革，不曾忘记自己的社会责任，以一个有担当的大企业，阔步前行。

第三节　山西汾酒品牌建设的市场营销策略

一、坚持以清香型白酒为中心

目前，在各种白酒香型中，浓香型、清香型、酱香型位列消费者选择的前三名。从市场表现来看，清香型白酒板块近年来取得了快速发展，但总量依然不敌浓香型白酒，清香型白酒的升级过于缓慢，产品结构亟待进一步调整。清香型白酒仍有持续的发展动力，不断提升产品档次，将是未来的一个发展趋势。

茅台的发展在于抓住了酱香型白酒的发展机遇，但这不是消费者的主动选择，而是茅台集团培育和引导的结果。现在的消费者更追求健康、养生，消费更趋向多元化，汾酒集团则需要在自己赖以成名的清香型上做足文章，深度培育自己的忠实消费者，引导小众消费向大众消费转化。

身为中国老四大名酒之一，汾酒堪称"清香之祖"，多年来一直是清香型白酒的代言者。近年来，伴随着清香型白酒市场的复苏，消费群体的不断增加，市场份额的逐步扩大，汾酒集团理应义不容辞地扛起"清香"白酒复兴的大旗，把"清香"份额做大，让更多的白酒消费者加入到清香白酒消费中来。只有清香白酒做大了，汾酒的销量才能相应地水涨船高。

二、着力优化营销体系

(一) 拓展多样化的营销手段

以前单一的经销商制的营销手段已经严重制约了企业的发展。汾酒集团需要有新的营销思维，拓展多样化的营销手段。如深圳市场在酒店中推出"竹叶青菜谱"，北京市场在卖场中举行汾酒文化知识问答，尤其是曾在中央电视台连续举办的"杏花村书法大赛"和"杏花村中国画大赛"等扩大了汾酒的文化影响力，进而扩大了汾酒、竹叶青名白酒的市场占有率。汾酒集团需要通过一些创新性的营销手段来拓宽企业业务①。

(二) 营销自主权与营销部门竞争机制的引入

没有自主权就不能灵活地根据市场的变动及时调整营销方针、步骤，没有竞争就没有活力，没有进步。所以对汾酒集团来说，应该采取对营销的自主权弹性化管理，加强竞争机制的作用，从而激励营销人员的工作积极性。

(三) 加强营销人才的引进与营销队伍的管理

企业的核心是人才，企业的成功是人才的成功。所以引进人才至关重要，识人才、重人才、不拘一格用人才、想方设法留人才是汾酒集团真正需要考虑的问题。

营销人员是市场决策的执行者，也是市场信息的收集者，同时由于其分散性特征，也给管理带来了很大的难度。要打造渠道的管理力，就必须把对营销队伍的管理摆在一个重要的位置，加强对营销队伍的科学性、有效性管理。

---

① 《兴文化，再造酒业大文章——杏花村汾酒集团有限责任公司加快发展报道之三》，载《山西日报》2005 年 5 月 16 日。

三、实施多维度的品牌传播策略

当今世界已进入品牌竞争时代，白酒业也不例外，只有品牌才能成为自身进入国内外大市场的"敲门砖"。

品牌是连接消费者与产品之间的纽带，建立品牌就是建立产品与消费者之间的关系。要知道，在品牌营销时代，"酒香也要走出深巷子"，进行有效的品牌宣导。否则，巷子深处的好酒也会被人遗忘。汾酒形象在大众心目中早已有之，但与今天的茅台、五粮液以及泸州老窖相比，还相差甚远。下一步就是如何牢牢占据消费者心智，拉升汾酒的品牌地位。

1. 品牌建设的加强

我们要提高市场占有率，扩大市场份额，提升品牌价值，归根结底就是要实现汾酒的品牌领先和文化领先。在品牌建设层面，必须有一个明确、清晰而积极的品牌价值取向。

2. 多维度的品牌传播

汾酒集团在品牌建设上的重要任务是将品牌核心价值进行系统化传播，让消费者认知、认同、信赖。首先，在宣传方式上，随着销售收入的良性快速增长，应增加广告投入，合理地选择媒体传播；其次，导入先进的传播模式，加大品牌传播力度，开展形式多样的营销方式，如节日营销、事件营销、关系营销、体验营销、网络营销等。多角度、多方位、组合式的传播，才能使营销效果最大化。只有实施品牌战略，营销才能成功，企业才有出路。

四、注重事件营销

所谓"事件营销"，是指企业通过策划、组织和利用具有新闻价值、社会影响以及名人效应的人物或事件，吸引媒体、社会团体和消费者的兴趣与关注，以求提高企业或产品的知名度、美誉度，树立良好的品牌形象，并最终促成产品或服务的销售手段和方式。由于这种营销方式具有受众面广、突发性强、在短时间内能使信息达到最大、最优传播的效果，为企业节约大量的宣传成本等特点，近年来越来越成为国内外流行的一种公关传播与市场推广手段。

事件营销与常规的广告等传播活动相比，可以称得上是对传统营销理论的变革与新突破，它能够以更快的速度，在最短的时间内创造最大化的影响力。所以，事件营销长期以来被世界上许多知名企业作为品牌推广传播的一种先锋手段。然而，尽管事件营销是一种先进的市场营销观念，在国内外已经获得了巨大的发展，但由于事件营销导入我国的时间不长，无论在认识上还是实践操作上都尚待成熟。

当年随着"神舟五号"载人飞船的成功发射，被称为"国酒"的茅台集团通过与中国长城总公司合作，成功地将茅台酒的酿造原料载上太空飞船，国家有关技术中心在"神舟五号"载人飞船成功返回后，即对茅台酒的这三种原料进行了专题研究。权威人士指出，此事对现有基础上提升茅台酒的品质和品牌，产生了不可估量的影响。同时，贵州茅台酒股份有限公司将纪念飞船升空变为彰显国酒茅台品质的重大商机，顺势推出"茅台神舟酒"和高品质、高质量的纪念酒、珍藏酒，让人们在饮用茅台酒的同时，能够回忆起"神舟五号"遨游太空这一壮举。

善用时势环境，对世局、政局或社会议题，消费者心理等有敏锐的反应，并能将之吸纳为白酒企业造势的资源，这便是事件营销的本质。此外，像利用口碑、耳语、谣言、突发性事件等亦可归之为对时势环境的善用，这些都是一种借力使力、顺势推舟的事件营销。

五、主动出击、实施高层公关

汾酒在历史上最先被高层认可是北齐武成帝，也因此一举成名，迎来了汾酒历史上第一次大发展。1949 年后，又是周总理钦点，让汾酒成为国宴酒而坐上了行业老大的位置。只不过，那是"酒香不怕巷子深"的年代，是领导找到汾酒或者是机缘巧合的原因才成就了汾酒，并不是汾酒的主动出击。

如今是一个需要主动出击，"汾酒也要赚吆喝"的年代。茅台贵为国酒，季老爷子仍然鞠躬尽瘁带头进行高层公关活动，走访部队、军区、政府等部级单位，以获得这些单位的支持和帮助，从而带动消费。可以说，没有茅台对高层公关卧薪尝胆式的坚持，就没有茅台现在这种来自高层的良好口碑。

六、采用新的销售模式

（一）网络电商模式

酒类行业的新型战场——电子商务，受到越来越多的酒类企业的关注。不管是洋溢着时尚气息的葡萄酒，还是传统的白酒企业，已慢慢地从最早的抵触转变为现在的积极认可和接受，开始进军电子商务领域。一位酒类营销的专家提出，酒类市场的消费团体正在渐渐地发生着变化，尤其是80后群体消费习惯的变化，将来一段时间内酒类行业电子商务的飞跃式发展是完全可以想象的。随着如今电子商务日新月异的发展与青睐电商的消费者越来越多，酒类企业电子商务的飞速发展时期即将到来。目前酒类市场的状况显示，以前很多徘徊在电商门口的中高端酒类企业大都已经急速调节销售渠道，并且主攻"电商之门"的趋势已经崭露头角。如今中国八大名酒之中的"贵州茅台""四川五粮液""四川剑南春""山西汾酒"等企业的商品已经投入了电商的营销策略，酒仙网、淘宝网、天猫等平台现也已推出了普通中高端酒类企业与区域性酒类企业的产品。

山西汾酒要想顺利引入电商营销方案，必然会导致白酒行业的市场环境更加的复杂，因此山西汾酒的电子商务就需要有详细严谨的规划和方案才能迈入专业与完善的境地。

1. 改变对电子商务的态度

其实，酒类行业起初并不看好电子商务渠道。以前如"贵州茅台""四川郎酒"等中国驰名白酒企业都对电商销售酒类产品不以为然，当然汾酒也不例外。而现如今，他们纷纷主动积极地寻求和电商的合作机会，茅台和五粮液甚至投入大量资本塑造属于自己的网上商城，建立各类电子商务的平台。如今，在"八项规定"的限制下，白酒企业的销售开始受到很大的打击，不仅价格下降很多，而且销售量与所赢得的效益也快速下滑，当今市场中的高端酒企业正在进行着很大的变化，整个白酒企业迈入名不副实的"调整期"，山西汾酒必须调整思路、战略和措施，以谋求持续、长远的发展。毫无疑问，酒类企业的电商发展已经带给白酒行业新的局势，不仅要满足传统消费者的需求，而且还要挖掘电子商务平台的很多潜在的顾客群体。电子商务为酒类企业带来品牌打造、文化传播、促销活动与分销渠道等多方位的筛选，也可以通过电子商务带动酒类企业和消费者之间的有效互动，提供更适合各类消费群体切身需要的酒品，酒类企业的电子商务的兴起与壮大必然会促进白酒行业的发展，对当前下行的趋势有所改变。因此，汾酒集团要改变对电子商务营销活动"得过且过"的态度，拥有"既来之则安之"的态度，不能仅把迈入电子商务当成一种权宜之计，应该从思想上对原有的经营思路和思维方式进行根本的改变，顺应时代的发展，认可、接受、恰当地运用电子商务，需要进军像酒仙网这样的成功电商平台，建设属于自己的官方销售渠道。

2. 加强现有的官方网站管理

山西汾酒集团的官方网站主要是一个介绍公司、展示产品与发布新闻公告的平台，内容不新颖，欠缺及时的维护和更新。需要从以下几个方面进行改进，首先，需要及时增添和补充网站上的相关内容，除了对公司进行简要介绍和公司产品进行展示以外，可以增添一些有关公司的营销业绩等；在进行品牌文化的宣传上，不仅要有提升企业文化的某些关于酒文化的历史故事、名人诗词等，还需对其进行更深层次的挖掘，比如可以增添一些有关的视频和音频文件，可以提升网络传播的有效性，进而提高企业的品牌知名度，扩大影响力；另外，当前健康饮酒、绿色消费的理念已经对人们有着很深的影响，所以可以在现有网站上增加一些有关合理健康饮酒的知识。其次，引进绿色消费的理念，这样会使消费者有种收获颇丰的感觉，更进一步拉近公司和消费者的距离。最后，还需对现有网站的交流平台加强优化。对于浏览者在留言板中咨询的有关问题，及时收集整理，给予答复，让服务更加人性化。

3. 培养公司专业的网络销售人员

拓展网络销售渠道的基础是拥有一批有专业技术的专门人才，当前公司领导阶层的年龄偏大、结构不合理，而且整体员工的文化层次也比较低，能够灵活运用与处理网络技术的人员更是少而又少，要想在电子商务销售渠道中立足，就必须要有相关的专业技术人员，否则一切摸索都是虚无缥缈的，所以汾酒集团应该大胆引进高素质人才，同时定期举办相关专家讲座，加强对现有人员的培训力度，增强专业的网络销售人员的综合能力。

（二）团购分销模式

团购是指向供应商以低于市场价格通过大批量的订购，获得产品或服务的购买行为。团购方式，一开始是由供应商与单位达成协议，通过集体名义为职工购买某种产品或生活用品，主要是为了实现服务和价格的双赢。随着人们对商品个性化选择要求和生活水平的提高，多个个体自愿组合的团购方式已经成为主流扩展方式。目前，由于网络的广泛应用和电子商务的兴起，在互联网上进行团购的行为也较为普遍。所谓互联网团购是指组团消费，是利用互联网的单位和个体通过信息交换平台根据购买意向进行的，向供应商在信息平台上进行大宗交易的购买行为。互联网利用它的全球覆盖性、无时空限制性以及操作的便利性和信息交换的快速性等特点，使得很多人较快地接受了网络团购，北上广城市很快流行，这种新消费方式融入人心。

对厂商和客户来说网络团购是双赢的。从客户角度看，信息交流借助于互联网，购买成本减少了，商品的最新信息也能快速得到，商品信息的透明度也得到了加强。从厂商方面讲，网络团购使商家的总体销售利润得以增加，也使交易成本降低；还为商家带来了大量的客户，它的影响具有很强的延展性。商家提升自身形象也可通过网络提升，使无形资产也得到增加。

鉴于网络团购分销的各种优势，汾酒集团如何建立这种团购分销模式呢？下面从以下几个方面进行规划：

1. 与第三方合作搭建团购网络平台

借助于第三方团购网的资源优势，实现汾酒企业与团购消费者之间的交易活动。注册为会员的消费者是该主动式网络团购模式下的服务对象，有两个方面的内容服务，一是在线服务，在电子商务网站给予提供；二是线下服务，在生产企业和消费者之间展开。在线服务的内容主要有：为注册会员提供交流平台；允许注册会员查阅团购信息、提出建议、发表意见等；为注册会员提供商品议价服务；保证在线支付的安全等。线下服务包括：提供配送服务；提供退换货服务；处理交易纠纷等增值服务。通过以上举措使电子商务平台成为团购双方的交流和沟通平台，以此推进汾酒的品牌销售。

2. 建立客户关系管理系统

第一，客户关系管理可以交由第三方团购网络企业作为组织者来做，借助他们的网络平台优势，分析消费者的历史消费信息，能快速、准确地提取什么样的消费群体经常进行网络团购，进而找出目标客户，组建客户初始目标名单，然后发起团购活动。

第二，通过客户关系管理系统，消费者能对网络团购中存在的问题提供建议。可按照消费者的需要建立适合团购群体的商品名录，为不同群体提供差异化的针对性服务，进而使团购活动变得有吸引力和个性化色彩。

第三，借助于客户关系管理系统，网络团购流程由汾酒生产商在线提供。网络团购时，优质个性化服务能借助于信息手段提供给目标客户。接着分析网络团购结果，以改善当前的分析模型，并对新的模型进行重组。

第四，通过客户关系管理系统，也能对团购的结果进行预测，还能预测消费群团购数量大小，对来自消费者的不稳定行为产生的各种风险提前做好准备。

3. 建立强大的物流配送体系

首先，对销售的区域进行合理的定位。受到消费者收入水平、需求偏好、地理位置分布的不同，进行电子商务活动也会有所不同，根据销售区域的实际情况采取差别性的物流服务政策。其次，大胆积极引进高学历、物流专业知识扎实的高校毕业生，为建立强大的物流配送体系输送新的血液。再次，联合大型零售企业，借助他们的 GIS 系统和配送中心以及配送调度网络系统和车队的优势，而且有时候他们还有与第三方物流公司存在合作关系的优势，进而汾酒的相关产品既可由第三方物流公司送货，也可依托零售企业的配送中心送货，也能由厂家直接到货给消费者。这种快捷方便的优质服务，在多渠道物流配送体系中，消费者都能感受到。最后，消费者收到商品后发出退换货请求，能借助于强大的物流配送体系，享受快捷、可靠的退换货服务。

七、建立精细化系统营销

（一）精细化系统营销的含义

精细化系统营销是指对企业营销管理工作进行全面系统的规划与推进，包含品牌塑造与提升、产品规划与开发、渠道系统建立与管理、营销组织构建与提升等诸多领域，全面打造企业系统营销的综合优势，同时利用各种管理流程、制度和工具，全方位提高企业的管理能力和运行的精细程度，科学合理地配置企业营销资源，有效提升企业资源的运作效率和销售业绩，实现企业的赢利和持续性发展。

（二）精细化系统营销的必要性

1. 市场竞争的需要

中国白酒行业是一个竞争相对比较充分的行业，从广告大战、价格大战、促销大战，直至通路大战，所谓的"盘中盘""消费者盘中盘""品鉴会营销"等营销概念层出不穷，以上的竞争都是发自单个领域或单个营销环节，这种竞争的手段非常容易模仿和超越，"一招鲜，吃遍天"的单点突破时代已经过去，面对白酒国家队和全国区域强势企业的打压，汾酒集团需要建立精细化管理、系统营销推进机制，全面提升自身系统营销的优势与壁垒，成为真正的区域市场霸主。

2. 企业发展的需要

目前良好的现金流和利润水平无疑是区域白酒企业抗风险、求发展的有力保障，企业营销的侧重点需要从销量和市场的拓展，转变到产品结构、品牌形象双向提升和市场良性发展上；从跑马圈地的迅速做大，转变到夯实基础的持续做强；从单环节的营销突破，转变到系统化的营销推广；从粗放式的市场管理，转变到精细化的管理以提升资源利用效率。因此，对于汾酒集团而言，应该重点改变其一贯的"重战术轻战略""重局部轻系统""重促销轻品牌"和"重个体轻全局"的营销观念和行为。需要深入研究目标消费群体的需求与动机、生活形态，以直击消费者心理的精准品牌定位，全面有效率地系统传播推广，全力塑造区域强势品牌。同时汾酒集团需要根据市场竞争和企业自身状况，合理规划企业的精细化营销管理系统，在企业内部进行产品规划和结构调整、各类渠道的精细化运作管理以及营销组织的系统构建，最终实现企业系统营销能力的提升和企业的长期稳定发展。

第四节　山西汾酒品牌建设的消费转型策略

借助对山西汾酒集团发展现状的考察，审视山西汾酒集团的产业发展，应该对其发展目标进行科学合理的定位，充分运用我国经济快速发展带动的白酒消费升级、"清香型"独特地位、外省市场的进展空间很大以及汾酒拥有的深厚的酒文化内涵的重大机会，进一步发挥山西汾酒的品牌优势、厚重的酒文化财富、独特的酿造工艺、成熟稳重的销售网络、雄厚的经济实力、质优价廉的产品优势，从而克服山西汾酒集团的企业体制落后、品牌定位不清晰、营销渠道建设不均衡并且管理无序、产品包装陈旧和防伪技术欠佳等劣势，探寻减轻外部威胁的措施，从紧抓目前国内外白酒市场消费趋势和深入挖掘汾酒独特文化内涵的潜质上面下功夫，选择收缩和发展相结合的综合战略，重点是要打造好山西汾酒品牌、扩大汾酒的规模、进一步拓展汾酒的营销战略、增强山西汾酒清香型龙头白酒企业的带动力、培养形象性白酒品牌。具体的战略简图如图 4－2 所示。

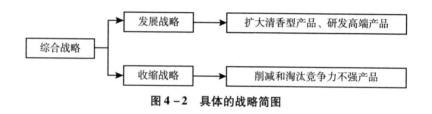

图 4 - 2　具体的战略简图

其实，山西汾酒的发展战略，主要体现在营销战略上，进而可以这样的描述：合适的营销模式对山西汾酒发展战略的成败起决定性作用；山西汾酒的发展战略是对其营销模式的宏观把握和长远决策。

一、品牌支撑的发展战略

质量过关、信誉度高、服务优质的综合呈现就是品牌，品牌也是产品市场竞争实力大小的体现，它是企业的外部形象，是企业的一种无形资产，是企业生存与进步的最有力支柱。所以探究山西汾酒的发展，应该把塑造汾酒的品牌放在首要位置，打好山西汾酒的品牌战略。

（一）凝练汾酒品牌的核心价值

品牌就是一种文化区别于另一种文化的特征。品牌的核心含义是其在消费者心中印下自己的烙印，是企业和产业核心竞争力的一个主要构成因素。汾酒可以从山西的文化历史、市场的外部环境、目标消费者与竞争对象剖析着手，以行业的个性为前提、产品的功能为基础、消费者的需求为宗旨，结合产品所处的区域实际情况，凝练出具有自身特色的品牌核心思想，再从语言、图像方面进行创新，最后再将其切实贯彻到企业的经营过程当中。以山西汾酒为代表的山西白酒具有深厚的文化底蕴，可谓是在白酒行业中标新立异，汾酒的品牌核心价值可以从"清"上下功夫，把清香、尊贵、独特作为自己的亮点，将其定位为具有文化涵养的酒、尊贵有地位的酒、优秀品质的酒，进而演绎出品质、档次、诚信、有毅力的品牌特色，顺应如今人们回归自然、发扬优秀传统文化、追求和谐社会的时代习尚。

（二）规范汾酒品牌的识别体系

品牌识别体系是区分各类酒品牌、让消费者对品牌进行认知的一些符号或者标志，是产品的一种外在表现方式。更进一步对"汾酒""竹叶青""杏花村"等商标进行规范与统一使用，并且在颜色、图案上进行规范，最后还需落实在专卖店的设计、宣传资料的拟定、促销活动的策划等上面，保证每次行动均在为提升品牌而努力。山西汾酒要作为一个整体品牌响彻中华大地，建设自身的品牌辨别体系，拥有自己的品牌标志、LOGO 设计和规章制度。另外，要注意旗下品牌之间不要相互摩擦、互相交织，各个品牌之间要一目了然，清晰容易辨别。对旗下的各个品牌进行合理的定位，根据香型进行分类，根据高、中、低端进行价格区分与市场区隔，最好可以避免汾酒品牌内部在价格或促销上的自相残杀，使各个品牌认清自身的位置，合理配置公司有限的资源，让汾酒的市场效能得以最大化的发挥。

（三）重视汾酒品牌的基础管理

高品质的产品是品牌的核心支撑力，而坚实的硬件设备设施却是生产出高品质产品的前提条件。汾酒作为"清香始祖"的代言者，理应强化基础设备设施建设，确保产品的质量。公司的资本、设备设施、厂房等因素都是公司的硬件条件，它对产品的质量高低有着决定性的影响，也对产品品牌的传播力度有着很大的影响。因此，汾酒集团应该增加基础设备设施等硬件上的投资，积极吸引招商投资，加强新产品研发的强度，挖掘适销对口的新产品，尽最大力量满足市场的变化和要求。

（四）大力进行品牌宣传

如今全球都已经迈入品牌竞争时代的门槛，白酒行业也是一样，每个企业要让自己跻身国内外市场的先机就是品牌。企业生产的产品与消费者沟通的桥梁就是品牌，要建立产品和消费者之间的密切联系的重要途径之一就是塑造品牌。

众所周知，在市场经济时代，"酒香也怕巷子深"，积极开展有效的品牌宣传是非常有必要的。山西汾酒在消费者的心目中已有一定的位置，但还不能与当今的世界名酒——四川五粮液、贵州茅台和泸州老窖相提并论，它们之间的差距还是很大的。想要让山西汾酒在消费者的心中占有不可比拟的地位，最大限度地提高山西汾酒的品牌位置是非常重要的。首先，做好汾酒文化的传播和创新。三千多年的悠久历史文化就是汾酒的核心价值。白酒的价值离不开文化涵养的支撑。但只靠传承历史是相形见绌的，特别对于高端白酒而言，需要以文化底蕴为基础，实现历史与现代文明的完美融合，品牌才可以维持其生机勃勃的生命力，迎合当今消费者的心理。如以"汾酒是我国第一历史文化名酒、竹叶青是世界第一养生酒、杏花村是消费者喜爱的第一名酒"的品牌定位，拓展各种文化宣传活动，提高汾酒的品牌附加值与文化层次，让"中国酒魂"的理念根植大众的心中。其次，多方位进行品牌宣传。品牌的核心价值体系的传播是山西汾酒在品牌塑造上的强烈职责，让消费者认识、认同、信任。随着社会媒体传播手段的多元化，应充分运用媒体传播介质，增大广告的投资力度，让山西汾酒普遍化。另外，应该积极引进新时代高新科技的传播方式，进行花样繁多的营销方法，比如节日促销、电子网络营销、体验式营销等。多视角、多层次、整合式、普遍化的宣传，才会让品牌的宣传达到最好的效果。

二、注重白酒研发，放弃品牌多元化

近些年，山西汾酒还尝试摸索品牌多元化的道路，研发了葡萄酒系列、啤酒系列等，在酒类行业中的价格定位并不高，仍旧没有实现预想的成果，赢得诸如汾酒在白酒中的产品地位，大部分消费者甚至都没有听说过，更谈不上对它的消费忠诚度了。由于国民想到山西汾酒，就自然想起历史悠久、清香始祖的白酒，压根不能把"汾酒"和充满青春活力的啤酒与充满时尚气息的红酒结合在一起，因此固执地把两者融合到一起就造成了"非驴非马"的状况。

当前，汾酒的综合实力并不能很好地支撑品牌的多元化。首先，汾酒集团很多年以来始终把精力放在白酒的酿造工艺生产上，与专业生产啤酒和葡萄酒的公司相比，各项工艺与人才基础都相差甚远，现在已经建立起来的销售网络均是有关白酒和竹叶青保健酒的，想再突破其他的市场是非常不容易的，消耗的资本也会比较多，付出和回报不成比例，因此应果断停止品牌多元化的推行，集中精力搞好白酒和保健酒的研发、生产和销售，防止因为实力的分散而引起主营业务受到不良影响与品牌价值受损。

在品种和类别的创新上，不要只局限在中端市场，适度重视高端市场，研发适合高端消费者、高生活品位的种类，拓展消费团体的领域，让更多的高层次消费者可以喝上高端、大气、上档次的清香型汾酒。任何一个品牌均需给予清晰、合理的定位，防止互相交织，避免企业内部的恶性竞争与研发资本的滥用。

三、实施渠道收缩战略

（一）完善重点区域市场的网络

在汾酒的本土市场——山西省内市场，消费者对汾酒品牌有着比较高的认可度，尤其是"清香典雅、天赋高贵"的思想深深地印在了中老年人的脑海中，如今汾酒在山西省内的销售总额依然占据总销售额的60%左右。山西人对汾酒的厚爱，是汾酒无与伦比的优势。所以，汾酒集团应该理性看待省内市场占有率高这一特点，理性接受小市场、大份额的销售思路，在山西市场上完善网络渠道，从而赢得山西市场的主导地位，大份额、长时间地占据山西市场。

山西作为汾酒的一个重要销售市场，对汾酒集团的成长和强壮有着生死攸关的影响。汾酒集团应在本土地区建设扁平化的渠道方式，增强分销的能力，强化对终端市场的监管力度。

在太原、大同、阳泉、长治、晋城、朔州等地建立汾酒直销公司；在郑州、武汉、北京、广州、西安等地成立汾酒合作公司，直接作为销售市场的终端，并借助地级市、县城代理，更深层次地拓展各个县区以及乡镇的终端市场，确保战略重心由城市顺畅地转向农村市场。在战略重心转移的环节当中，汾酒集团会在很大程度上增强监管终端市场的能力，向外省市场甚至农村乡镇市场的拓展也会有新的突破。

（二）加快渠道重新组合的步伐

汾酒集团有必要对现有的渠道进行重新组合，将单一的渠道变成多渠道，以便在不同的地区根据实际情况灵活的调整渠道战略。汾酒集团能够运用以下方法促进渠道的重新组合。

1. 对主要渠道进行疏通与调节

依据资金基础、经销主动性、网络结构、营销业绩、是否严格遵守公司的有关政策等对已有的主要渠道进行区别，推行分级管理方法。渐渐取消一些经营不合格的经销商，留存经营业绩良好、能够适应现代市场需求的、和公司有着相同的经营思想的经销渠道，加强双方的友好合作关系，谋求共同成长壮大。

2. 新代理商的开发

山西汾酒集团在渠道建立的环节中，不管是私营、国营的经销单位，只要它们实力雄厚，综合能力强都可以作为考虑的对象，加大培育与帮扶的力度，快速培养成汾酒集团经营业绩良好的经销商。

3. 公司和经销商结合开拓市场

汾酒集团在具有一定市场容量或发展潜力比较大的市场上可以和经销商结合起来，互相合作、共同投资，建设汾酒品牌经销企业，让汾酒的品牌优势与经销商的渠道优势结合起来，相得益彰，合作拓展终端市场，确保公司和经销商的利益双丰收。

（三）巩固渠道关系以提升网络质量

借助建设和谐的渠道活动与团队合作，公司与各个分销商可以为消费者带来成本降低的利益，能够减少由于市场环境的瞬息万变而产生的交易成本，借助明确友好的合作关系，对现有的有限资源进行科学合理的分配，增加渠道的营销业绩。

1. 使厂商和经销商之间的合作关系互相依存

公司与渠道对象间的合作关系是互相依赖与互惠互利的关系。公司和渠道的合作关系，对公司和渠道是否能够赢取最大利益有着至关重要的作用。在竞争日趋激烈的市场上，聪明的经销商的营销管理者应该充分重视和利益相关者之间形成的信赖与互利的关系。两者之间可以扬长避短、互相联合去完成双方互利的目的，这就是和谐关系的最高境界。另外，定期的回访顾客也是维系友好合作关系的根本方式，需要公司定期的按时、按经销点回访任何一个销售网络成员，增加彼此之间的依赖程度。

2. 确保有双向性的信息交流

倘若汾酒集团和经销商之间可以有友好的、合作的、协同的渠道关系，借助相匹配的体制共享信息系统，可以更好地对消费者进行了解和掌握，进而提高经营决策的理性程度。汾酒集团将能够借助对有关信息的掌握及时改变产品的设计、调节销售方案，并同时将产品相关的设计和销售方案反馈给经销商，这也会间接地提高经销商的销售业绩。以另外一个视角看待这个问题，如果汾酒集团对经销商的销售情况、仓库库存的数量可以及时得到相关信息的话，就可以预测不同种类商品的销售量，对生产计划进行合理的调整，减少经销商的库存数量、降低成本并防止畅销产品的缺货情况。

3. 展开制造商与经销商双方共赢推广

建立在互惠互利前提下的渠道关系，需要首先明晰对方的利益需求，找出两者利益的交汇点，并将实现两者的利益放在首位。渠道成员之间能够互相利用和共享对方的企业综合能力，以最终实现互利互惠的目的才是真正意义上的良好的关系型营销。现阶段，利用回扣与提升促销比例等不复杂的方法是汾酒集团对经销商的鼓励措施。在市场经济的局限下，回扣与促销可以使经销商增加本产品的销售数量，但关键是消费者是否认可与接受这种产品。比如现在白酒市场上的大经销商，其营销方案也在一直进行调节与更新，有选择性地经销某些品牌的产品。将消费者对这些品牌的认知与偏爱程度作为选择经销产品品牌的首要条件，而并非是将厂商回扣高低作为前提条件，并且十分重视与制造商之间的互利合作关系，谋求品牌给他们带来的长远、稳定和最大的利益。

第五章
转型发展背景下的
山西古城乳业品牌建设

山西古城乳业集团有限公司是山西省最大的集奶牛养殖、乳品加工、销售、科研、商贸于一体的乳制品专业企业，多年来在改革开放政策的指引下，依靠全体员工的艰苦创业、团结进取，取得了很大的成绩，本章主要阐述山西古城乳业品牌建设等方面的问题。

第一节　山西古城乳业概述

山西古城乳业集团有限公司的前身是山阴县山阴城奶粉厂，山阴城奶粉厂起步于1976年的一家仅有七头小奶牛的乡办小农场，1982年建立山阴城奶粉厂，1983年7月1日正式投产，1995年7月与荷兰依美口公司正式建立中外合资企业，1997年10月创立山西古城乳业集团有限公司。

山西古城乳业集团有限公司从1976年的七头黑白花小奶牛起步发展，在各级党委政府的帮助、指导和广大消费者的理解、信任下，公司历经多次技改扩建、体制变革、股权转让、产品升级，特别是2010年公司现任董事长郭俊响应市委市政府"朔州企业家投资在家乡"的号召注资古城乳业以来，更加注重创新、更加注重自觉履行社会责任。

公司充分发挥雁门关生态畜牧经济区奶源基地全产业链的综合优势，优化调整产品结构、延伸产业链条，细节关注"种、养、加"的全过程，精心打造"产、加、销"全产业链，现已滚动发展成为山西省内规模最大的集奶牛饲养示范、牧草种植、饲料加工、乳制品加工、销售，新产品研发于一体，以乳品加工为龙头的全产业链龙头企业①。

在过去几十年的发展历程中，国家、省、市、县各级领导多次亲临公司给予指导和关怀。不负众望的古城乳业用勤劳的汗水和务实的作风为山阴乃至全省乳业发展和农民增收致富做出了积极的贡献，先后被授予全国五一劳动奖状、山西省模范单位、农业产业化国家重点龙头企业、全国守合同重信用企业、全国农产品加工示范企业、全国优秀乳制品加工企业、全国质量稳定放心示范企业、中国学生饮用奶生产企业、全国扶贫爱心企业、全国质量诚信先进单位、山西省结构调整先进企业、山西省功勋企业、山西省工业转型百强潜力企业、山西省"513"工程省级龙头企业、山西省质量信誉 AAA 级企业、山西省最具社会责任中小企业、山西省道德诚信食品企业、山西省百强企业等荣誉称号。

山西古城乳业现有注册资本 8580 万元，总资产 7 亿多元，在册各类员工1200 多人。下设 11 个分支机构，其中六个乳制品加工厂日处理原料奶 1200吨，年设计生产系列乳制品 32 万吨。以朔州、忻州、晋中三大生产基地为辐射源的网状可控奶源基地覆盖标准化园区、牧场共计 300 多个，遍布 20 多个县市区、5 万余农户、存栏良种奶牛 10 万多头。达到中国学生饮用奶源升级示范基地标准的两个自建牧场存栏良种奶牛 5000 头，雁之牧饲料加工厂年设计生产反刍动物饲料 20 万吨。公司生产的主导产品有古城牌系列奶粉、灭菌奶、酸奶、巴氏消毒奶、含乳饮料五大系列八十多个品种。特别是拳头产品古城牌全脂加糖奶粉、酸牛奶饮品，产销量连续多年领先行业单品销量榜；常温系列产品在全国 9 个省、66 个大中城市建立销售网点；以"24 + 益生酸酪乳、巴氏奶"为主导的低温冷链产品引入"互联网 +"的渠道建设理念，采取"网上下单、送奶到户"的线上线下同步模式，有效拓展和巩固"古城"三晋

---

① 山西古城乳业集团有限公司，中国质量网，网址：www.ccn.com.cn/zt/2018zly/38781. html.

第一奶的市场空间，力争用三年时间实现低温奶销售贡献率突破 1/3 的转型目标[①]。

传承"穷则思变、艰苦创业、不畏艰辛、坚韧不拔、同舟共济"晋商精神精髓的古城人，坚持以产品质量和科学管理带动品牌建设，走出了一条以品牌兴企为特色的发展之路，讲述了一个乡镇企业到现代企业"蝶变"的故事、探索出了一条"农牧并举、强牧富民"的农业产业化经营之路。创立以来，公司始终坚持"科技领先、持续改进、质量第一、顾客满意"的质量方针，在科技创新方面不断加大投入，以不断提高产品质量、优化产品结构为手段，创新服务理念、拓展延伸市场渠道，立足奶源优势、突出产品差异化特色、提升古城品牌的地域亲和力。古城牌系列乳制品被市场誉为"养育了两代山西人的好乳品"，拳头产品古城牌乳粉、液态奶被评为"中国名牌产品""山西省标志性名牌产品""山西省名牌产品"，古城商标是山西省著名商标。

转型重组后的新古城在以郭俊董事长为核心的新一届领导集体的带领下，在奋起直追中实现转型升级的信心和决心，立足企业实际，科学总结、系统分析，以现代奶牛乳品产业标准化生产体系建设项目为依托，在接下来的发展中将以"制造健康、传递新鲜"为经营理念，以"诚信、争先、感恩、合作、分享、创新"为企业文化核心，以产品创新、技术进步为动力，以规模生产、精耕渠道为支撑，以品牌为依托，做强做精常温、做大做细低温为核心，通过调整优化现有常温产品结构、丰富低温产品品类，开拓新渠道、发展新市场，加快技术创新和人才培养引进，努力打造"三晋第一奶"，在日益多变、激烈竞争的环境中把古城乳业打造成为制造健康的万古之城、诚信之城。

古城乳业近期的发展思路是要继续坚持发展是第一要务，牢固树立"六大发展"新理念，着力做好常温固市和低温拓展两篇文章，在奶源基地建设上精准发力，在产品结构优化上系统规划，依靠技术和体制创新，突出转型升级，履行社会责任，全面提升发展质量。

进入新经济时期，古城乳业将继续秉承"诚信、敬业、创新、发展"的

---

① 山西古城乳业集团有限公司官方网站，网址：http://www.guchengruye.com/guchengjianjie.html.

经营理念，坚持"质量高于一切"方针，从源头抓起，合理优化配置资源，加速发展，继续实施可持续发展的特色经济战略，为带动生态农业发展起好步，建立健全乳（食）品生产的安全体系，大力发展科学养殖、精心加工、深入研究的发展战略，进一步加强制度化、多元化、信息化建设，积极实施换脑工程、素质工程、CIS 工程、环境工程，发展系列液态奶、小杂粮系列食品深加工、精包装，形成品牌、市场、产品、奶源基地、产业化经营五大可依托优势，从而为古城乳业做大做强、沉着应对行业竞争、进军国际市场夯实基础，为促进山阴县县域经济发展，带动当地农民增收，强化市民营养做出应有的贡献①。

第二节　依托科技发展建设山西古城乳业品牌

山西本地品牌产业为了保持山西市场并向全国乳业进军都在为自己建立强有力的品牌做不断的探索，力求在全国广阔的市场中占有一席之地，但在追求品牌提升的过程中遇到了一些问题，这也是山西乳品行业普遍存在的问题。

一、山西古城乳业品牌建设的现状

（一）品牌战略比较粗放

有些乳品加工企业在制定来年计划的时候会希望将产量翻一番，有的甚至是要求增长 3 倍以上。这背后反映了整个乳品企业在战略上的粗放和不成熟，而这种不成熟必然影响企业的品牌战略。在新形势下，古城乳业首先要做的还是要认清产业方向，根据产业的具体情况制定好自己的企业战略，将企业战略调整到一个适合自己发展的方向。在企业经营中，千万不要违背企业发展的客

---

① 郭俊：《让古城乳业重生》，载《山西晚报》2014 年 9 月 24 日。

观规律。

中国乳业经过了几年的市场开拓整合，下一步的工作重点就是练好内功，从奶源、产品质量、技术创新、品牌塑造等方面入手，将企业做强。在把握企业财力规模和发展阶段的情况下，全面把握消费者的心理，研究企业竞争格局和竞争者状态，按照低成本的观念制定品牌战略。唯有如此，品牌战略才容易找到出路。

（二）品牌整合缺少凝聚力

企业的品牌也是有生命的，就好像人一样。品牌的"品性"，就是企业的人品，反映了一个企业（企业家）在企业经营上的理念、思想和灵魂。前些年，几乎所有的企业都在产业整合的大悲大喜中度过，很多企业没有来得及认真梳理自己的品牌整合问题。

另外，在产品链内涵上的副品牌整合问题也很值得关注。很多乳品企业都喜欢将自己的酸奶或者其他的产品系列取一个副品牌。这本来没什么错，但是很多企业在推出副品牌问题上缺乏严谨的战略态度，十分随意。现在个别企业甚至已经拥有 10 多个副品牌，并在市场上全面推广。这使得企业产品的终端形象十分混乱，很不利于企业的品牌传播和市场推广，更不利于企业在市场上形成良性循环。

一般情况下，一个企业拥有 1~2 个副品牌就足够了。重要的是摆正主副品牌的位置，将副品牌也打造成一个强势的品牌，以期在市场上赢得更多消费者的青睐。

（三）品牌投资上比较浪费

很多企业一直在寻找具有杀伤力的品牌利器，但就是找不到能够属于自己的武器。于是每天有大量的广告在各类媒体上轮番播放，却总缺乏有效的办法抓住消费者的心，这是什么原因呢？

这种现象其实是"贫困的品牌"和"品牌的贫困"之间的矛盾：一方面表现为我们缺少具有极高忠诚度的大品牌；另一方面表现为我们品牌"营养不

良"，没有根基。这种情况造成的后果就是在品牌的推广中品牌资源的流失和浪费。

再进一步探究为什么会出现"贫困的品牌"和"品牌的贫困"的矛盾，我们就会发现中国企业在品牌投资理念上的差距。

中国的企业在年末进行第二年广告计划的时候，大多采用前一年营业额乘上一个百分比的计算方式来确定广告费用。很少有企业第二年广告投放的准则是以自己的品牌、市场和消费者的调查数据为根据的。以至于个别企业的广告计划最后成了一种任务，有没有达到广告效果，与企业的广告部门也没有了直接关系。

投入和投资绝对不是笔者在这里玩弄的文字游戏，而是一种观念。投资者追求的一定是投资回报，而投入者的主要工作就是花钱，就是这种投入的观念让很多企业花了大量的冤枉钱。

用投资的方式做品牌，首先要对品牌的各项内容有一个全面的认识，然后根据这个认识来调整广告投资。比如，经过调查发现企业美誉度降低了，就应该尽快推出增强美誉度的广告片或者公关活动。这样，企业的资金投入才能得到有效回报。如果反其道而行之，不断的广告宣传只是为了提高品牌知名度，这样的结果只会是：不但浪费了广告费，还有可能失去市场机会，从而给企业造成损失。

（四）品牌管理的两难困境

为什么广告一停，销售额就下降？为什么你的价格低、质量好却没有消费者喝彩？为什么你每天都疲于搞促销？为什么你的品牌没有抵抗风险的能力？这四个问题一直困扰着乳品企业市场一线的决策者。场景传播，在传播上，我们一改动辄每月上百万的高空广告，为分析目标消费群的行为与行为发生场所的特征，在尽可能短的时间内使用不同的传播载体，在不同的场景对消费者进行第一场所的视觉刺激，其依据是：单一场景的激励累计低于不同场景下联想产生的同频次品牌印象，将目标消费群的行为场所进行集中逐点的刺激，迅速形成有效记忆。

二、用科技创新再铸古城乳业新辉煌

（一）精细管理，科技支撑阔步向前

对于长期从事煤炭生产经营的郭俊来说，精细化似乎是一个难以捉摸的新概念。2010年4月正式进入古城乳业参与经营管理的他，面对乳制品行业的微利现状，开始虚心请教一线管理人员、业内专家，向行业技术精英请教生产管理秘技，从精细之中获取利润，从含量2.9%的乳蛋白着手细化考核、量化成本，在让企业得到实惠的同时，引导基地农户向着高投入饲养、高回报收益的路子迈进。紧接着，在进行了大量的市场调研和深入基地奶农走访工作的基础上，与山阴六福科技合作，聘请中国农业大学动物营养专家，制定了既适合当地奶农饲养习惯和条件又能提高鲜奶品质、产量的饲料配方，采取补贴引导的方式推行统一饲料喂养，在较大幅度地提高了鲜奶的质量水平的同时，增加了奶农的收益，提高了奶农养殖奶牛的积极性。

在不足3年的时间内，古城乳业依托省级企业技术中心、市级行业技术中心这一自有科研平台，不断与国内外知名科研院校、机构加强合作，以不低于上年销售收入3%的研发经费为基础保障、以市场前沿走向为切入点，加快技术创新体系建设，优化引才留才机制体制，取得了令人欣喜的成绩，已完成专利申请21项，承担的技术创新、改造项目共13项，其中获省级科技进步奖4项。特别是2013年引进日本先进生物技术，以自建牧场奶牛排泄物为原料试制生物活性水项目，在以日本专家福岛大毅为项目组长的科研团队的共同努力下，项目进展顺利，已经进行功能成品分类试制阶段，具有保鲜、除臭、杀菌消毒、净水、改良土壤功能的生物活性水产品将在年底陆续面市。

（二）不断拔高，科技引领开拓市场

"科技兴企、扩大引资、诚信至上、质量第一"是古城乳业唯一的发展

战略，在经过 3 年多跨越式发展和新产品的研发后，山西古城乳业实现了完美蜕变，如今古城乳业由生产单一品种发展到系列化产品，适应各类消费者的要求，日处理原料奶能力达到 1200 吨，年设计生产系列乳制品 32 万吨，已形成了覆盖朔州、忻州、晋中 3 个市 20 多个市县区、涉及 5 万余户奶农、存栏奶牛 12 万头的稳定的奶源供应基地。被农业部等八部委联合认定为首批农业产业化国家级重点龙头企业和全国农产品加工示范企业，列入山西省农产品加工 "513" 工程省级梯次企业。主要生产系列奶粉、UHT 灭菌奶、巴氏消毒奶、酸奶、含乳饮料五大系列 80 多个品种，古城商标是山西省著名商标。先后通过了 ISO 9002 质量管理体系认证、HACCP 认证、GMP 认证、ISO 14001 环境管理体系认证、食品安全管理体系认证、职业健康安全管理体系认证。

古城乳业加快技术创新步伐，完成了调味乳、风味乳、高档酸牛乳、高端婴幼儿配方乳粉的开发、配方升级、工艺改进等方面的工作，完成了代表古城乳业、山西省地域特色小杂粮与雁门关生态畜牧经济区高品质牛奶有机融合的养元素系列调味乳的研发、试制、上市推广等。

（三）谋篇布局，科技引导产业化之路

郭俊常说："在全省上下向着实现'再造一个新山西'宏伟目标迈进的今天，古城乳业不能等、不能靠，要积极行动起来，挖掘奶业发展已经形成的优势，坚持'白''绿'互促发展思路，紧紧抓住全省转型综改试验的有利契机，立足雁门关生态畜牧经济区奶牛养殖的优势，以差异化战略统领公司转型跨越发展的全局，以加大绿色可控奶源基地建设投入、夯实发展基础、做好安全保障、调优产品结构、创新体制机制、拓宽市场渠道、培育消费群体为主要抓手，形成全产业链上中下游各环节均衡发展，带领更多的农民增收致富，共享改革发展成果。"未来，通过投资 12 亿元建设现代奶牛乳品产业标准化生产体系项目，古城乳业将建成一家以牧草种植、奶牛养殖与良种繁育、乳品加工销售为核心产业，上下游产业环节联动、"产、研、观、销"四位一体的年销售收入超过 20 亿元、利税 2 亿元、带动农户 8 万户、受益农民 30 万人、带动

基地农民率先实现年人均纯收入超过2万元目标的农产品加工龙头企业①。

第三节　山西乳业品牌发展的管理提升方案

中国乳制品行业目前在营销上面临着广告战、价格战、渠道战、信誉战、品牌战、公关战等诸多问题，在这场硝烟弥漫的战场上，山西的乳制品企业要想胜出，寻求营销手段的突围则是至关重要的。

一、科技创新是乳制品企业营销手段突围的关键

科技创新是推进农业产业化龙头企业发展的强大动力和重要支撑，同时也是乳制品企业营销手段突围的关键。山西省乳品企业通过加强同科研单位的合作，推进标准化生产，加快技术升级等措施，不断增强龙头企业的竞争力和对农户的带动力。近几年来，山西乳制品企业不断地进行着技术改造，一批乳业领域的新技术、新成果、新设备被广泛应用于牛奶生产加工的各个环节，德国、瑞典、丹麦等国的全程序高端标准化生产工艺也先后落户古城乳业，实现了牛奶生产加工在标准化的工序中进行。为了让自己的眼光看得更远，古城乳业的技术中心长期聘用一批国内外乳业界专家、教授作为集团的技术顾问，国家乳品工程技术中心、山西农业大学、东北农业大学、山西省食品研究所等大专院校和科研院所也成为集团的教、研、企合作单位。而同步进行的体制创新为古城乳业人才的引进和作用的发挥提供了良好的环境，新的用人机制让管理人员能上能下，员工能进能出，工资分配以业绩定薪、薪跟业绩走。

科学技术的注入和适时的体制变革让山西乳品企业在获得自身快速发展的同时，也占据了相对集中的市场资源、信息资源、智力资源和资本资源，这些资源又汇集成了协调和组织农户发展市场农业的优势，带动了千家万户按照市

---

① 郭峰峰：《古城乳业：科技创新再铸辉煌》，载《农产品加工》2014年第10期。

场需求进行专业化、集约化和规模化生产。事实上，市场牵龙头、龙头带基地、基地连农户，种养加销一条龙，农工贸一体化的产业化格局让其充满了旺盛的生命力。

二、四大营销突围提升山西乳业品牌

（一）实施营销模式突围

乳业的营销方式和模式已经到了一个需要更新的时代，如果还沿用现有的营销模式，许多乳品企业将很难在市场上获取市场份额。面对国内外乳业巨头的冲击，山西的乳品生产企业更需要进行营销手段的创新，这样才能抵挡住国内外乳业巨头的进攻。

（二）实施价值链突围

利润 > 利益 > 进化

在产品竞争的初级阶段，利润是企业争取的最大目标，随着竞争的进一步加剧和竞争对手实力的增长，单一的消除对手的威胁是不可能的，通过竞争谋求双方的利益共同点就成为最主要的一个衡量方式。价值链由利润 > 利益。

当出现竞争寡头时，利益共同点未必能衡量双方的实力，价值链由利益 > 进化。为什么这样说呢？因为，这个时候的竞争，也许不是为了争取更多的利益，而是为了突破现有模式，实现新的提升，如出现新的技术。

乳业的竞争也需要从价值链上突破，要摆脱利润争夺的初级竞争阶段，向利益 > 进化方面转变，这样才能提高我国乳业在国内乃至全球的综合竞争力。

（三）实施文化突围

首先是对于乳品企业文化的创新突围，企业文化是企业可持续创新的基础，它决定了企业创新的方向性选择，是激发和提高创造力人员的内在动力的最有效办法，是创建一种创造性文化，这是企业核心竞争力的真正源泉。所以山西乳品企业应该创造一种"有容乃公，百年山西，以德治企，兴乳富民"的文化理念。正是这一理念，激励着员工的品牌意识、质量意识、责任意识和服务意识。

其次，乳业文化有两个方面的含义，一是乳业文化建设，二是企业自身文化建设。虽然乳制品行业在中国的发展只有短短20多年，可能在某种角度上说，还谈不上文化。但是，一个行业要发展，尤其要实现可持续发展，必须重视行业的文化建设。乳制品行业文化建设包括消费者消费行为的培养、消费方式的引导、行业自律建设、行业信用体系建设等。乳制品企业文化建设主要包括企业价值观建设、品牌建设、营销建设等。

（四）实施产品突围

产品突围着重体现在产品的延伸方面，包括横向和纵向延伸。通过进一步的延伸，以进入更多的细分市场，如通过改变产品口味，延伸出适合儿童、青年、中年人、老年人口味的产品；通过改变产品包装，延伸出适合不同消费群体购买习惯的产品；通过改进产品功能，延伸出保健解渴、补充能量等的新产品；通过产品创新，延伸出新的产品，如奶块、奶酪等。产品突围将是一些具有研发能力的大型乳品企业的重要竞争手段，但中小企业同样也可以通过产品的创新，如细分市场，获取市场竞争的份额。

第六章
转型发展背景下的
山西天脊化肥品牌建设

转型时期中国化肥市场和化肥行业的基本特点是产能过剩、竞争激烈，同时行业的集中度、竞争力不足。为了应对外部环境的变化，化肥企业逐步从依靠低成本优势的价格竞争战略转向依靠品牌优势的品牌竞争战略。本章主要讲述了转型发展背景下中国化肥企业品牌建设机制与模式、化肥企业品牌竞争力提升的基本思路、山西天脊化肥品牌建设策略等内容。

第一节　转型发展背景下中国化肥企业
品牌建设的机制与模式

一、转型时期中国化肥企业品牌建设的任务

从静态的角度，转型时期中国化肥企业品牌建设的核心任务是打造品牌，通过品牌使企业产生更多的现金流量，确保实现较高的盈利。从动态的角度，转型时期中国化肥企业品牌建设的核心任务是使品牌实现较高的持续性，最终使化肥企业实现可持续发展。因此，转型时期中国化肥企业品牌建设的根本任务就是通过打造品牌，使企业实现较高盈利基础上的持续发展。

从持续性和盈利性两个角度，将中国化肥企业分为4种类型，即Ⅰ型：低持续性、低盈利性的"双低"化肥企业；Ⅱ型：低持续性、高盈利性的化肥企业；Ⅲ型：高持续性、低盈利性的化肥企业；Ⅳ型：高持续性、高盈利性的"双高"化肥企业。我们认为，转型时期中国化肥企业品牌建设的核心任务是打造Ⅳ型的高持续性、高盈利性并存的双高品牌，或者是通过品牌建设，将处于Ⅰ、Ⅱ、Ⅲ区域的化肥企业，转变为Ⅳ型的高持续性和高盈利性的双高品牌。

二、转型时期中国化肥企业品牌建设机制模型及要素分析

根据品牌经济学基本原理及品牌管理的经典理论构建了转型时期中国化肥企业品牌建设的基本模型。在该模型中，核心是持续盈利，围绕核心有6个基本要素，分别是品牌经理、品类需求强度、品牌品类度、新闻共鸣度、商标排他性、营销精确度。通过这6个基本要素的具体操作，将可以使化肥企业的品牌成为持续盈利的品牌，从而实现转型时期中国化肥企业品牌建设的根本任务和目标[1]。

（一）品牌经理

转型时期中国化肥企业品牌建设的第一个要素是品牌经理。该要素说明的是，任何品牌建设必须有一个良好的组织保证，将品牌经营与管理的责任落实在具体岗位中。缺少了品牌经理这个组织保证，品牌建设的其他要素就缺少了具体操作和具体负责人员，品牌的持续盈利也就无从谈起。从目前中国化肥企业的发展现状来看，几乎所有的化肥企业都没有专门的品牌经理，而几乎所有的化肥企业都有销售经理和市场经理，但是销售经理和市场经理绝不能替代品牌经理，因为销售经理、市场经理和品牌经理的定位是完全不同的。销售经理是负责将产品从生产厂家顺利达到销售终端，并负责产品最终是否卖给了终点

① 孙日瑶、刘华军：《品牌经济学原理》，经济科学出版社2007年版。

消费者。而市场经理负责将已经达到终端的产品顺利卖给终点消费者，即市场经理负责产品在终端的销售。而品牌经理则既不同于销售经理，也不同于市场经理，所谓化肥企业的品牌经理，就是以终点消费者为导向，作为每个品牌的产品或产品线的直接经营责任者，对该品牌的产品开发（包括产品概念、价格与成本、材料要求、包装要求、上市时间等）、产品销售、产品毛利等经营承担全部责任，并具体协调产品开发部门、生产部门以及销售部门的工作，负责品牌建设的全过程。即品牌经理是通过生产厂家面向终点消费者的品牌建设，以产生强有力的品牌拉力，以拉动产品的销售。综上所述，销售经理负责经销商的拓展与管理，即负责使产品顺利到达销售终端；市场经理负责终端导购与促销，即负责将产品卖给消费者；品牌经理负责终点消费者的选择、与终点消费者的沟通等。

此外，作为转型时期中国的化肥企业，仍需要从以下三个方面理解和把握品牌经理：一是品牌经理是品牌经营的直接责任者，即每个品牌都必须有专门的责任者承担经营责任。在只有一个品牌的情况下，总经理其实就是品牌经理。因此，对于多数只有一个品牌的企业，总经理必须掌握品牌建设知识体系，而不能仅仅成为产品经理、营销经理或者广告经理。如果企业已有或想有多个品牌，就需要为每个品牌配置一个承担经营责任的品牌经理。二是品牌经理是一个专业团队，即品牌经理本身是一个品牌经营直接责任者，即以他为责任者的一个团队，包括研发、市场、销售、物流、测试、传播等。不同企业可以根据品牌经营工作量，来确定每个品牌经理团队的岗位与人员配置。三是品牌经理需要掌握品牌建设的系统性，作为一个品牌经营团队的直接或最终责任者，品牌经理需要掌握的是品牌建设体系，而不是成为某一个方面的专家。

（二）品类需求强度

转型时期中国化肥企业品牌建设的第二个要素是品类需求强度。品类需求强度表示市场需求强度、市场容量或空间，可以用对该品类有需求的人口（目标顾客与总人口之比）来表示。根据品牌经济学原理，品类是消费者选择某品牌产品的单一利益点，因此，品类需求强度系数表示具备某一单一利益点的消费者或目标顾客的数量占总市场容量的比重。

品类需求强度是从目标顾客的数量即市场容量的角度影响和制约化肥企业的品牌建设，品类需求强度问题也即化肥企业的市场定位问题。市场空间和容量有大小，因此品类需求强度也就影响和制约着转型时期中国化肥企业的盈利问题。在其他条件不变的情况下，品类需求强度的变化会使化肥企业的需求曲线发生移动，若提高品类需求强度，则需求曲线向右移动；若降低品类需求强度，则需求曲线向左移动。需求曲线的移动改变着化肥企业的市场份额、定价空间和盈利。因此，选择什么样的品类市场对于化肥企业的品牌建设是至关重要的。品类需求强度对品牌建设的作用机制对于转型时期中国化肥企业品牌建设的意义在于提高市场份额并不一定要降低价格，因为一方面价格降低的空间是很有限的，原材料价格在不断上涨，化肥生产企业的价格空间已经很小；另一方面一味地采取降低价格的策略，尽管根据需求定律会提高需求数量，但这也会降低企业的利润空间。而通过选择较大品类需求强度的市场，通过需求曲线的移动就可以避免出现这种局面，不但可以提高市场份额，同时还可以在很大程度上扩大价格空间和利润空间。

当前，中国正在大力发展配方施肥技术，这将促使对配方肥需求的增加，同时配方施肥要求有测土配方技术作为指导，因此对配方肥需求的增加，也将直接导致对测土配方服务需求的增加。而目前从中国测土配方的现状来看，还很少有化肥生产企业来提供这样的服务，因此未来的化肥企业可以通过打造服务品牌来进行品牌建设。

（三）品牌品类度

转型时期中国化肥企业品牌建设的第三个要素是品牌品类度。品牌品类度是指某个具体商标具有单一利益点的程度，或指消费者在心理上将某个具体品牌当作某个品类的心理认知程度。一般通过测试分析可以获得品牌品类度。品牌品类度通过对终点消费者（目标顾客）选择和购买过程中的选择成本的影响来作用于化肥企业的品牌建设。转型时期，中国化肥生产迅猛，化肥牌号众多，可供终点消费者选择的化肥商标出现了爆炸式的增长，这直接导致了终点消费者在选择和购买化肥产品的过程中，不但要付出购买化肥产品的货币价格，同时还要花费大量时间、精力对各种不同的化肥进行比较、权衡，这个过程中所消耗的费用就是选择成本。而品牌的经济学意义就在于通过与终点消费者达成长期利益均衡，有效地降低终点消费者的选择成本，使终点消费者能够不假思索地进行选择和购买。

由于品牌品类度是通过影响终点消费者的选择成本，进而对化肥企业的品牌建设产生影响。首先，品牌品类度对化肥企业市场份额的作用机制。根据品牌品类度对化肥企业品牌建设作用机制的基本模型，化肥企业的需求数量与品牌品类度呈同方向变动关系，即使化肥企业的需求曲线发生移动。然而，在品牌品类度没有变化的情况下，化肥企业若要增加其市场份额，则化肥企业必须降低其价格才能实现，而在原材料等成本不断上升的情况下，化肥企业降价的空间较小，而且降价会使其利润空间被极大地压缩。其次，品牌品类度对化肥企业定价权的作用机制。化肥企业的需求数量与品牌品类度呈同方向变动关系，使化肥企业的需求曲线发生移动。当化肥企业在品牌建设过程中提高其品牌品类度，则会扩大化肥企业的定价空间。在需求数量不变的条件下，化肥企业的价格与其品牌品类度呈同方向变动关系，即品牌品类度越高，化肥企业就可以索取更高的价格。再次，品牌品类度对化肥企业盈利的作用机制。化肥企业的需求数量与品牌品类度呈同方向变动关系，使化肥企业的需求曲线发生移动。当化肥企业在品牌建设过程中提高其品牌品类度，则会扩大化肥企业的盈利空间。

（四）新闻共鸣度

转型时期中国化肥企业品牌建设的第四个要素是新闻共鸣度。新闻共鸣度的作用是解决品牌传播的公信力问题。根据品牌经济学的基本原理，品牌的创建必须依靠客观公信力的品牌传播手段，利用新闻事件而不是广告。因此，一个品牌的诞生需要公共关系，尤其是新闻报道的促成，而不是依靠广告。但是，一旦品牌通过新闻报道和其他公关活动建立起来了，就需要强有力的广告来维持。因此在品牌创建过程中，企业所利用的传播手段的先后顺序是：新闻报道在前，广告在后。品牌所有者在品牌建设的整个过程中，要充分利用新闻报道的公信力，不断提升品牌信用度。值得注意的是，尽管广告提高了品牌知名度，但对提高品牌信用度的作用是很有限的。而新闻报道则是通过第三方尤其是新闻媒体，具有较高的可信性和公信力。

新闻共鸣度是从品牌传播的角度作用于化肥企业的品牌建设。新闻共鸣度解决的是品牌传播的可信性问题，如果终点消费者对品牌传播的内容可信性较差，那么终点消费者在选择某个品牌的化肥产品时就需要花费很多时间、精力进行比较分析，这些无疑会增加终点消费者在选择和购买该品牌化肥的选择成本。

品牌的创立和建设必须依靠具有可信性的品牌传播手段，品牌传播手段主要分为两大类：第一类是新闻事件传播；第二类是利用广告进行传播。从目前来看，大量的化肥企业已经开始在电视中做广告，基本采用利用名人代言的手段进行。然而品牌建设并非就是做广告，广告仅仅是品牌传播的一种常用手段而已。同时，并非在企业所有的阶段都需要大面积的广告，这样不仅会花费大量的广告费用，影响企业的现金流量，同时效果也并不明显。

（五）商标排他性

转型时期中国化肥企业品牌建设的第五个要素是商标排他性。商标排他性的作用是通过商标单义性、产权的明晰度等全面保护品牌。其中，商标单义性要保证消费者对品牌的品类有统一的认识，否则将增加消费者的选择成本，降低品牌的盈利能力；商标的产权明晰度是要保护品牌，以免建立起来的品类产权遭到侵害，如商标侵权、商标抢注等。商标的排他性对品牌建设的作用机制主要体现在三个方面：一是商标产权的明晰度对品牌建设的作用机制。商标产权的明晰度越高，则对商标的法律保护越强，品牌遭受假冒伪劣的损害就越小。二是商标单义性对品牌建设的作用机制。三是商标符号的记忆持久性对品牌建设的作用机制。商标的单义性与商标符号的记忆持久性对品牌建设的作用机制主要体现在两者对终点消费者的选择行为所产生的影响和作用方面。即商标的单义性越强，终点消费者在化肥品牌的选择和购买过程中所发生的选择成本越小，趋利避害的消费者将倾向于选择和购买该品牌的化肥产品，使得该品牌化肥的需求曲线向右移动，增加该品牌的市场份额，扩大其定价空间，增加其盈利水平。

商标排他性对品牌建设的作用机制要求转型时期中国化肥企业在品牌建设过程中要加强商标排他性的建设，一是要加强商标的保护力度，打击假冒伪劣的损害品牌的行为；二是在推出新的化肥产品品牌或者进行区域扩张进入到其他地区时，必须要通过对终点消费者选择行为的测试，确保品牌具有较高的商标单义性和记忆持久性。

（六）营销精确度

作为转型时期中国化肥企业品牌建设的第六个要素，营销精确度的作用是确保零误差实现持续盈利的目标。根据品牌经济学的基本原理，营销是打造品牌的手段。营销精确度是从营销策略的精确角度作用于化肥企业的品牌建设。

根据品牌经济学原理，品牌信用度决定着选择成本。而品牌信用度是由品牌品类度与品牌营销策略精确度决定，即品牌信用度 = 品牌品类度 × 品牌营销策略精确度。用 S 表示品牌策略精确度，由于品牌策略是由组织策略、渠道策略、终端策略、传播策略等品牌营销策略所构成的一个集合，而它们之间的关系满足：

$$S = S_1 \times S_2 \times S_3 \times S_4$$

其中，S 表示品牌策略精确度；S_1 表示组织策略精确度；S_2 表示渠道策略精确度；S_3 表示终端策略精确度；S_4 表示传播策略精确度。同时，S，S_1，S_2，S_3，$S_4 \in [0, 1]$。由此可知，品牌营销策略的精确度及各种策略的精确度最高为 1，说明完全精确；最低为 0，说明完全不精确。公式表明了各种品牌策略之间是乘积的关系，即任何一个品牌策略的精确度均影响到最终的品牌策略精确度①。

营销精确度对品牌建设的作用机制主要是通过各种策略的精确度对终点消费者选择和购买某品牌的化肥产品过程中所发生的选择成本的影响而实现的。若各种营销策略如渠道策略、组织策略、传播策略、终端策略等及由它们所构成的品牌营销策略的精确度越高，则终点消费者选择和购买化肥产品过程中所发生的选择成本就越低，消费者就越倾向于选择该品牌的化肥产品，此时其需求曲线会向右移动，结果是提高了其市场份额、定价空间，进而提高了其盈利水平。反之，若各种营销策略的精确度越低，则终点消费者选择和购买化肥产品过程中所发生的选择成本就越高，消费者就越倾向于放弃选择和购买该品牌的化肥，如此一来，化肥企业只能通过降低价格来促进其化肥产品的销售，但这样就极大地压缩了其利润空间，所以营销精确度越低，化肥企业的需求曲线就越向左移动，这样就会极大地降低其市场份额、定价权及盈利水平。

因此，转型时期中国化肥企业在品牌建设的过程中，必须不断提高其营销精确度。一是要迅速改变其传统的企业组织结构，将其由传统的组织结构转变为品牌型组织结构，并组建品牌管理部，品牌管理部的核心为品牌经理；二是要针对不同区域市场采取不同的渠道和终端策略。在市场占有率较高的区域中，化肥企业可以以自有的销售网络为主，建立自有的零售终端门店，完全控制其销售渠道和终端。在市场占有率相对较低的区域中，化肥企业可以以代理商和经销商为主组建其销售网络，但随着其市场占有率在这些区域的上升，化肥企业必须迅速转变渠道策略，将已有的渠道策略转变为以自有的销售网络为主，逐步建立自有的零售终端门店。如果化肥企业不能根据其在各个区域的市场占有率的动态变化及时调整其渠道策略，那么必然会出现化肥生产厂家与经销商之间的矛盾，导致渠道混乱，最终降低其渠道策略的精确度，进而增加其终点消费者的选择成本，降低其市场份额，压缩其定价空间和盈利水平。营销是实现品牌持续盈利的手段，如果营销精确度很低，那么化肥企业就很难实现其他品牌要素，最终使其品牌建设失败。

---

① 刘华军：《品牌的经济学分析：一个比较静态模型》，载《财经科学》2006 年第 8 期。

三、转型时期中国化肥企业的品牌建设模式

（一）产品品牌模式

转型时期中国化肥企业的产品品牌建设模式，即化肥生产企业通过面向化肥企业客户链上的终点消费者即农户的品牌建设，打造出能够有效降低终点消费者在选择和购买化肥产品的过程中的选择成本，以此产生品牌拉力，拉动化肥生产企业的销售。

产品品牌模式的依据是传统意义上的化肥企业客户链，在该客户链中，直接面向终点消费者的环节仅仅是终端的化肥销售门店，在化肥生产厂家与终点消费者之间还存在化肥销售商如批发商、经销商等环节，因此可以说，在传统的化肥企业客户链中，化肥生产企业距离终点消费者的距离太远，导致化肥生产企业所面对的不确定性也就增加，在这种情况下，化肥生产企业很难控制整个化肥企业客户链。尽管如此，化肥企业采用产品品牌模式，通过面向终点消费者的品牌建设，也将产生巨大的品牌拉力。

同时，随着化肥企业的不断发展，化肥生产企业可以延伸产业链，即通过自建的销售网络进行销售，控制化肥生产企业到终点消费者之间的环节，但其前提是要进行面向客户链的终点消费者的品牌建设，最大限度地降低终点消费者选择和购买化肥产品过程中的选择成本，最终使之选择成本降低到零。

（二）服务品牌模式

由于配方施肥是未来化肥行业发展的必然趋势，因此，转型时期中国化肥企业要利用这一市场机会，大力发展配方肥，建设配肥站，直接面向化肥企业客户链的终点消费者，为其提供测土配方施肥的技术服务，同时提供配方肥。这样化肥企业的品牌建设就由传统的产品品牌模式发展为以配肥站为主的服务品牌模式。

在服务品牌模式中，化肥企业的客户链由传统的原料商、化肥生产厂家、

批发商、经销商、化肥门店、农户变为原料商、化肥生产厂家、配送商、配肥站、农户，后者是未来化肥企业的客户链，与传统的化肥企业客户链最大的不同在于，直接面向终点消费者即农户的环节由原来的终端化肥销售门店变为配肥站。通过对配肥站的品牌建设，为农户直接提供测土配方施肥技术服务，打造出选择成本为零的配肥站品牌，以此拉动化肥生产企业的销售。

（三）"产品＋服务"的双道品牌模式

转型时期，中国农民种植的特点在未来很长的一段时期内将逐渐从小农经济的分散种植发展到规模农业和规模种植，因此在转型时期，分散种植和规模种植将同时存在。因此，化肥企业客户链的终点消费者将分为两大类：一类是分散种植的农户；另一类是规模种植的农户。根据终点消费者的这一分类，转型时期中国化肥企业可以采用"产品＋服务"的双道品牌建设模式。

在"产品＋服务"的双道品牌模式中，终点消费者分为种植大户和散户，直接面对他们的终端分别是配肥站和化肥门店。"产品＋服务"的双道品牌模式就是通过配肥站为规模种植大户提供测土配方施肥技术服务，同时销售配方肥，打造出配肥站品牌，以此产生品牌拉力；通过终端化肥销售门店为散户提供化肥产品，打造产品品牌，以此产生品牌拉力[1]。

第二节　化肥企业品牌竞争力提升的基本思路

伴随着中国化肥行业竞争的日益激烈，提升化肥企业的品牌竞争力也就越发显得有必要，而品牌竞争力的提升则需要化肥企业做好各项基础工作。本节从品牌竞争力形成的过程提出了化肥企业提升品牌竞争力的各项基础性措施，包括首先要强化品牌意识，其次要做好品牌定位，再次要优化品牌的设计，之

---

① 付振龙：《转轨时期我国化肥企业品牌建设机制与模式》，载《安徽农业科学》2009 年第29 期。

后则要提升品牌质量，同时，做好品牌的服务更是必不可少的。

一、强化化肥企业品牌意识

化肥企业进行品牌建设、提升品牌竞争力首先要强化企业的品牌意识。只有强化了企业的品牌意识，才能使得企业内从高层管理人员到普通员工都形成统一的价值观，才能使得企业所有人员的关注焦点能始终集中在如何做好企业的品牌建设上来，愿意为企业品牌竞争力的提升不断努力，进而实现企业品牌竞争力的快速提升。

强化化肥企业品牌意识，要求企业内所有人员都能够树立品牌建设的观念。企业内形成上下统一的价值观，所有人都把做好品牌建设工作列为自身工作的重点，从思想上、观念上高度重视品牌建设工作。

强化化肥企业品牌意识，要求当前化肥企业营销工作的指导思想要从传统的站在企业视角的4P'S理论转变为站在顾客视角的4C'S理论。传统的4P'S理论是站在企业的视角来探讨营销工作的开展，主要是从产品、价格、渠道、促销等角度探讨企业如何开展营销，但随着市场竞争的加剧、供大于求的买方市场的形成，企业营销工作的开展更要从如何满足顾客的需求出发，从顾客、成本、便利、沟通等角度来发现顾客的需求，进而满足顾客的需求，提升企业的品牌竞争力。

强化化肥企业品牌意识，要求化肥企业要加强品牌危机意识。随着市场竞争的日益加剧，品牌危机事件时有发生，如丰田"召回门"事件、三鹿"毒奶粉"事件、万科"毒地板"事件，这些危机事件都在考验着企业的危机处理之道，甚至会影响到企业的品牌建设，更有甚者，影响生存。所以，企业上下都要树立品牌危机意识，建立健全品牌危机预防处理机制。

二、做好化肥企业品牌定位

企业进行品牌建设、提升品牌竞争力，做好品牌定位是其十分重要的工作。只有做好品牌的定位，才能将企业品牌有限的资源集中于擅长的领域，做"别人所不能做的或比别人做得更好"，实现企业品牌独特的市场价值，提升品牌的市场竞争力。具体到化肥市场亦是如此，因为化肥市场是一个十分广阔的市场，包括有机化肥、化学化肥等多种产品门类，单个企业品牌的资源毕竟有限，所以化肥企业要做好品牌定位，做细分领域内的"强势品牌"。

做好化肥企业的品牌定位，首先要做好市场研究，对市场进行细分。化肥市场的范围较为广阔，依据化肥的来源可以将化肥市场划分为有机化肥市场、化学化肥市场，化学化肥市场又可以分为单质化肥市场、复（混）合化肥市场等，并且随着科技的迅速进步，又涌现出了多种新型化肥。

做好化肥企业的品牌定位，其次要选择好品牌的目标市场，这就要求我们首先评估出每个细分市场的吸引力，然后根据企业自身的优劣势以及市场竞争状况确定企业品牌的某一或某几个目标市场。

做好化肥企业的品牌定位，十分重要的是确定品牌的具体定位，包括为每一目标细分市场确定企业品牌可能的位置形象，之后对这些形象进行分析并将其信号化。在选择好目标市场之后，企业需要确定自己在目标市场上的具体定位，是做领导者，还是做跟随者，或者是模仿者，其具体的营销策略都是不同的。

三、优化化肥企业品牌设计

伴随着市场竞争的日渐激烈，产品或服务的同质化现象越来越严重，化肥企业品牌要想在激烈的市场竞争中脱颖而出，就必须优化企业品牌的设计，以独特的形象吸引着消费者的注意力。所谓品牌设计，是指企业为了满足顾客的需求而对品牌产品、名称、标识等所进行的创新设计。

优化化肥企业品牌设计，首先要加强企业的产品创新，不断研发出具有较强市场竞争力的新产品，不走低水平重复竞争的道路。如在激烈的市场竞争中，金正大公司发现了当前中国多数化肥在利用过程中出现肥效释放过快、浪费严重的问题，进而研发出了金正大"缓控释肥"，实现了肥效的缓慢控制释放，既符合了植物生长各周期对化肥的需求，又实现了化肥的高效利用、减少浪费。

优化化肥企业品牌设计，其次要加强企业的渠道创新。随着市场竞争的日益加剧，流通障碍越来越成为化肥行业发展的瓶颈，营销渠道公用化现象越来越严重，企业要提升品牌竞争力，至关重要的是加强化肥企业的渠道创新。如某些化肥企业为缓解流通障碍的难题，开办了化肥品牌专卖店，或者是开办了农资超市等，都是渠道创新的典范。

优化化肥企业品牌设计，要对品牌的名称、标识等进行创新设计。在同质化日益严重的化肥市场上，独特的品牌名称、新颖而出众的标识设计有利于吸引消费者眼球，增加消费者对企业品牌的关注度，进而有助于实现消费者的购买。

四、提升化肥企业品牌质量

无论市场如何发展、科技如何进步，品牌质量永远是品牌的基础，没有了质量，品牌信任也就无从谈起，品牌竞争力更无法提升。品牌质量包括品牌产品的质量和品牌体现的质量，产品本身的质量是很重要的，而能被消费者所感知到的质量则同样是十分重要的。化肥市场表现优异的品牌，其产品无不是拥有着优异的质量，所以提升化肥企业品牌质量对于提升化肥企业品牌竞争力是至关重要的。

提升化肥企业品牌质量，首先要提高品牌的产品质量。产品质量是品牌质量的基础和前提，提升化肥品牌的产品质量，主要集中于产品的效用性和安全性。所谓效用性是指产品的肥效大小，使用化肥的根本目标是为了发挥其肥效，促使植物更加苗壮成长；所谓安全性，是化肥使用的安全性，如不烧苗、无污染等。提升品牌的产品质量，要求化肥企业必须提升化肥的效用性和安全性。

提升化肥企业品牌质量，其次要提高品牌体现的质量，即能够被消费者感知到的质量。在企业对产品质量越来越重视的今天，提升品牌体现的质量则显得尤为重要，如果多家企业品牌的产品质量都很好，这时候，能被消费者感知到的质量更高的企业品牌就更容易得到消费者的信任，从而有效提升品牌的竞争力。所以，当前中国化肥在提高产品质量的同时，还需要提高消费者对品牌质量的感知度，在消费者心中树立良好的形象，提升化肥企业的品牌竞争力。

五、做好化肥企业品牌服务

步入 21 世纪以来，中国化肥企业对产品的质量愈发重视，品牌质量得到了很大的提升，在品牌质量日渐提升的今天，提高企业品牌的服务则显得愈发重要。20 世纪末，美国波士顿咨询公司在某项调查中发现，顾客转移品牌的原因，多数并不是因为质量或者是价格的原因，而是因为服务的问题。所以，化肥企业必须不断提升品牌的服务，提高顾客的感知服务价值，提高顾客的满意度，实现顾客忠诚，才能实现品牌竞争力的不断提升。

提升化肥企业品牌服务，化肥企业必须高度重视服务的重要性，建立健全企业的客户服务机制，真正把对客户的服务作为企业的重要工作来抓。当前中国的很多化肥企业对服务的重视程度依然较低，仍停留在"只管生产、销售，不管对客户服务"的阶段，这就需要化肥企业真正重视起对客户服务的重要性，把对客户的服务工作作为企业的重要工作来实施。

提升化肥企业品牌服务，不仅要重视对客户的售中服务，售前服务和售后服务环节同样是十分重要的。当前很多化肥企业关注的重点还只是停留在客户购买时提供的服务，对售前服务和售后服务的关注度还不高，而售前服务和售后服务对客户感知价值的高低也会有着重要的影响，所以企业要同时关注对客户的售前、售中、售后服务，并把服务意识贯彻到企业的各个部门，对客户的服务工作不再只是客服部门的责任，而变成了企业的全员服务，提高顾客的服务感知价值[1]。

---

① 孙松：《顾客价值视角的化肥企业品牌竞争力研究》，中国海洋大学硕士学位论文，2012 年。

第三节 山西天脊化肥的品牌建设策略

山西天脊煤化工集团有限公司位于上党盆地潞城市，其前身为山西化肥厂，是我国 20 世纪 80 年代初，成套引进德国、日本、法国、挪威等 8 个国家 11 项专利技术和设备建设的第一个以煤为原料生产高效复合肥的大型现代化企业。

经过三十多年的发展，天脊集团已形成以化肥为主、集有机化工、煤炭深加工、精细化工等为一体，多产品、跨地域的大型煤化工产业集团。公司通过了 ISO 9002 质量体系认证、ISO 14000 环境体系和计量体系认证，通过了国家实验室和国家级技术研发中心认可。天脊集团自行研发的《大型鲁奇煤制氨工艺技术的开发与应用研究》成果，荣获国家科技进步二等奖。"天脊"牌硝酸磷肥集"中国驰名商标"和"中国名牌产品"于一身。"天脊"商标入评"中国最具价值品牌"，价值高达 29.70 亿元。公司曾荣获"全国五一劳动奖状"，被评为"中国化工行业科技创新示范企业""全国肥料制造业自主创新能力十强企业"和"全国化工环境保护工作先进单位"，2006 年获得山西省安全质量标准化二级企业，2007 年获得山西省安全生产先进单位，2008 年荣获"全国石油和化工行业先进集体"称号①。

在品牌创新方面，天脊经过在实践中不断探索和进一步完善，真正实现了从品牌经营到经营品牌的跨越。将充分利用天脊全国知名品牌的辐射效应，搭建新的发展平台，推动企业强势发展。市场竞争说到底是品牌的竞争。一个优秀的品牌，是实力的象征，是企业技术、产品质量、销售价格、售后服务、员工素质的综合体现。天脊的品牌在全国化肥行业可谓是第一知名品牌。天脊是全国化肥企业唯一同时拥有"中国驰名商标""中国名牌产品""国家免检产品"三项桂冠的企业。

---

① 山西天脊煤化工集团有限公司官方网站，网址：http://www.tianjigroup.com/company.aspx。

著名品牌专家莱特指出:"未来的营销是品牌间的战争,品牌互争长短的竞争。拥有市场比拥有工厂重要,唯一拥有市场的途径就是拥有具有市场优势的品牌。"在品牌创新方面,天脊集团抓质量、抓服务、抓管理。随着每年近百万吨"天脊"牌硝酸磷肥的装车发运,"天脊"这个名字已被北起黑龙江南至广东,西抵天山昆仑东达山东、上海的亿万农民所熟知,成为农民兄弟心中的品牌。目前,"天脊"已拥有全国复合肥市场15%的份额,其中硝酸磷肥占全国同类产品市场份额的90%以上,被农业部授予"全国亿万农民信得过产品"金奖。

一、"诚信"是天脊发展的生命

诚信是天脊集团经营品牌的头等大事、发展根基。某一年夏播季节,全国化肥市场异常火爆,产品供不应求。天脊集团的厂门口,每天都有几十辆车等着拉化肥。就在这时,该公司质检部门发现一个批次5000吨化肥成品氮磷含量不合格(硝酸磷肥的国家标准是氮磷含量不低于36%,而天脊集团制定的企业标准是不低于38%)。经检验,该批次化肥氮磷含量指标比企业标准低了0.2%,是当班工人操作控制仪表出现偏差造成的。按理说,这么小的误差,肥效也没有太大影响。为这事,天脊集团专门开了一个管理层会议。有人说,化肥这么紧俏,向货主说明情况卖了算了;还有人提议,限定地域就近销售,给企业减少损失。然而,公司领导最后拍板决定:全部回炉。这就是视诚信为天脊发展生命的品牌观。

实践证明"售货无诀窍,信誉第一条""秤平、斗满、尽满足""诚信不欺、利以义制",这些山西晋商的古训被天脊集团成功地运用到实践中、贯穿于品牌经营中。

二、"质量"是天脊品牌的骨骼

质量是市场的通行证、品牌的生命、企业的信誉。"高质量的产品就是名牌产品的基石"这个真真切切的道理天脊集团的职工都明白，因为质量的内容是产品，表现形式是名牌。有了高质量为基础，可以形成名牌。名牌就意味着市场占有率。作为化肥行业龙头企业的天脊集团，始终把产品的质量作为企业和品牌的生命。天脊集团上至领导下至全体职工牢固树立"质量永远是第一"的观念，他们清楚"质量"在品牌里的分量有多重。"以质取胜"的经营方针在天脊集团全部落实到生产经营的整个过程。

（1）针对供货方多的实际，集团公司以质量来决定，最终审批的就是"合格供货"四个字。"质量不过关、休想入厂门"这是天脊集团对质量监督部门的特权。原料煤的供应将严格执行精料政策，"精细煤"是最佳目标。

（2）生产过程控制是集团公司抓质量的关键环节，全体职工坚信高质量的产品是生产出来的，不是检验出来的。对一条龙生产装置的运行，集团公司对每一道环节的质量管理形成闭路，由权威机构统一调度指挥，各生产厂及车间专门成立工艺执行组跟班检查考核合格率。质量控制指标检查情况最终返回调度指挥部门，发现问题将及时下达命令单，迅速制定对策进行处理。产品质量的出厂关也是非常重要的一环。集团公司有一支专业的质检队伍，严格执行质量标准和作业指导书的具体条款，随产品的一条龙生产倒班跟踪监测，必须保证不符合质量要求的产品不准出厂。

（3）天脊集团还全面引入产品质量责任追溯制度，每袋产品包装外面都要喷打上几号包装线作业、哪年哪月哪日哪班几时几分几秒生产，若从市场反馈回微小的质量问题，集团公司将以此为依据进行一条龙倒查责任追究。天脊的职工时刻遵循着一项雷打不动的"硬规矩"，这就是"不合格产品一律不准出厂且不计产量，从严实行产品质量最终否决制"。早在前些年天脊集团就通过了 ISO 9002 质量管理体系认证、ISO 14000 环境管理体系认证、国家实验室认可、国家计量体系认证。"99 个合格产品加 1 个不合格产品等于零"的这个算式深深烙印在每个职工心中。若发现不符合要求的产品，质监管理部门将严格执行 ISO 9002 质量体系处置程序，对责任单位和责任人进行严肃处理，在这一点上决不手软。天脊集团始终严把源头的材料入口关、生产过程控制关、产品出厂前的检验关，使产品的合格率一直保持在 100%。之所以"天脊"牌产品以高质量的优势时刻处于同类产品的领先地位。同时，该公司还被国家技术监督局两次授予"全国质量管理先进单位"。

三、"服务"是天脊品牌的血液

天脊集团以"面对面指导、零距离服务"这种形式丰富了为用户服务的内涵，提高了服务品位，增强了企业品牌的信誉度，确确实实提高了品牌与消费者的亲和力。江苏农民陈子明使用"天脊"牌硝酸磷肥，玉米亩产达到1846斤，在徐州市金种子公司举办的户单2000玉米高产竞赛中荣获"头名状元"，按捺不住激动的心情，就给天脊集团领导急速致信，答谢天脊集团帮他走上了"小康路"。还有被称为"红薯大王"的河南省洛阳市伊川县白沙乡农民赵志林，敢为天脊而叫，敢为天脊而呼，因为"天脊"牌硝酸磷肥让他家的日子越过越好。

天脊集团把服务至上当作经营品牌的主线。名牌产品不仅需要高质量的产品，更需要高质量的服务。因为高质量的服务给企业一定会带来更多更广的消费用户群，同时还会扩大在现有基础上的市场份额，服务质量在现代市场竞争中的地位和作用越来越突出，同样质量的产品，可以因服务好而增值，也可能因服务差而减值。天脊集团在这方面体会很深，连续9年产销率100%的骄人成绩就是靠高质量的产品和高质量的服务换来的。天脊集团下功夫继续巩固为用户服务这个基础地位，调整营销策略，进一步深化细化服务标准、服务方式、服务工程，有力促进国内、国外两个销售市场的再扩大、再延伸。在"以我为主、强化激励、加强监督、规范运作、优化服务、拓宽市场"这一思路的指引下，天脊集团建立了一套责任、权力与利益相一致的全员抵押销售的制约机制和滚动销售的风险抵御机制，有效地调动了直接与农民面对面服务的销售人员的工作积极性。抓住这一前提，天脊集团将扎扎实实开展旨在提高销售人员、经销商、用肥农民对硝酸磷肥认识的"万人培训工程"；为使农民直观地了解硝酸磷肥的肥效，刺激其购买欲望而实施的"万户、万亩试验田示范工程"；为搞好服务，塑造企业形象而实施的"千店万员塑形工程"；为缩短农民与产品之间的距离而策划组织的"送温暖到万家促销工程"。同时，天脊集团将重点围绕"售前、售中、售后"三道服务环节做文章。

售前服务核心在于知识讲座，它讲授了天脊产品的性能、成分、肥效等知识，是广大农民认识天脊、接触天脊的首要关口。天脊集团将确定重点区域，组织农化服务人员一年四季深入农村开展"送科技、送文化、送知识"零距离服务，还专门印制了大量《天脊化肥科学施用的方法》的小册子，让农民"温故天脊产品知识"而用。售中服务的关键就是农化服务技术人员在施肥旺季，深入不同省份、不同地区，走进田间地头，依照测量土壤的数据，科学指导农民正确施肥，杜绝农民使用化肥的盲目性和随意性。售后服务的重点内容就是跟踪回访，天脊集团在指导农民科学施肥过程中，将要确立一批固定的农民用户，等到收获季节之后再逐一回访，通过农民的丰收感受来现身说"天脊肥料"的使用效果，同时再解决农民在施肥中的疑难问题。

四、"科技"是天脊品牌的武器

科技兴企是天脊集团经营品牌的关键。产业升级、技术升级往往使一些企业的竞争优势增强，对于化肥行业也不例外。变者生存，企业只有敏感地把握行业变化趋势，快速适应新的发展趋势，才能获得新的竞争优势。事实证明，天脊集团经过多年的发展取得今天这样的骄人成绩的确不易，科技这一生产力功不可没。消除瓶颈、铲除故障、提高产量、降低消耗等都是科技成果的转化。天脊集团依托科技力量，靠自身的技术优势、人才优势打造天脊产品的高端战略，提升企业核心竞争力，增强盈利能力，让企业获得持续发展的动力，真正实现天脊集团做大、做优、做强的宏伟目标。只有这样，天脊集团才能跑赢竞争对手，天脊的中国品牌生命才会永远持久。在生产装置方面，天脊集团加大投入，新上马了27万吨硝酸生产装置，形成了年产81万吨硝酸的生产能力。此举不仅标志着天脊集团已经拥有目前世界上最大的硝酸生产装置，而尤为重要的是，随着这一生产装置的投产，天脊集团在生产运行上的瓶颈将彻底消除，后续装置可以充分发挥能力，使硝酸磷肥的年生产能力从90万吨一跃急剧增加，满足市场需求。同时，投资 4 亿元的合成氨装置增产节能改造工程已顺利完成，这将标志着合成氨年产量从 30 万吨扩大到 45 万吨，工艺技术将得到提升，消耗进一步下降。目前，天脊集团"肥化并举、循环增效"的产业链已初具规模，一套年产 13 万吨的苯胺装置和"40－60"尿素工程全部顺利投产，已给企业带来明显的经济效益。同时，按照山西省委调产的要求，将充分利用潞城西部富产焦炉气，在该地区已投资建设甲醇以及煤焦油加工项目。

天脊品牌是天脊职工的一笔财富，同样也是整个化肥行业的财富。近年来，随着农民生活水平的提高，他们的消费心理和购买行为越来越理性，对产品的质量、品质的要求大大提高，对品牌的依赖度也越来越高。面对这种良好的外部环境，天脊集团在今后工作中将充分发挥品牌产品的规模效益，加强品牌产品的宣传力度，提高品牌产品的知名度，以真诚赢得信誉，以信誉维护品牌，在做好国内市场的同时积极主动搏击国际市场，真正使"天脊"品牌走出国门、走向世界，为我们民族化肥行业塑造一个世界级品牌[1]。

---

① 王爱军：《天脊这样经营品牌》，载《化工管理》2007 年第 8 期。

第七章
转型发展背景下的
山西"奇强"品牌建设

奇强，作为南风集团的主打品牌，进入市场似乎"生不逢时"。在20世纪90年代四大国际巨头疯狂抢滩中国洗涤市场，国产日化品牌岌岌可危的艰难夹缝中，"奇强"诞生了。多年来，在中国日化行业这个风浪湍急的河流中，奇强历经蹒跚学步的艰辛，饱尝残酷竞争的苦涩，最终激情豪迈浪遏飞舟，收获了志得意满的辉煌。从1992年时一个名不见经传的小品牌，到如今兼具中国驰名商标、国家免检产品、中国名牌产品和最具市场竞争力品牌等多项殊荣。"奇强"带着浓浓的民族情结，在中国自主品牌的发展史上书写了一部瑰丽的诗篇。

第一节 "奇强"品牌的现状分析

一、奇强品牌简介

"奇强"品牌诞生于1992年，品牌隶属于南风化工集团股份有限公司。南风集团是一个跨全国十个省（市）区、跨行业的特大型企业集团。南风集团控股股东为山西焦煤运城盐化集团有限责任公司，实际控制人为山西焦煤集团。集团于 1996 年 4 月组建，1997 年在深交所发行 A 股，成为国有控股上市公司。现有 5 个分公司、19 个子公司，总资产 35 亿元，销售收入 32 亿元，是国家重点扶持的 520 家企业之一①。

作为南风集团首屈一指的著名品牌，"奇强"诞生的背景似乎充满了挑战。在 20 世纪 90 年代，四大国际品牌纷纷抢占国内洗涤市场，其产品知名度和功效带给国人耳目一新的感觉，在这样不利因素充斥的大环境中，"奇强"品牌脱颖而出。历经多年的发展，一路艰辛坎坷之中，"奇强"利用准确的市场定位、清晰的营销思路，在国内洗涤行业中崭露头角，依靠精准的广告策略和宣传，最终成就了品牌的高大形象。从创立之初的名不见经传，发展成为一个全国知名品牌，荣获诸多殊荣。"奇强"以其浓烈的民族情结，书写了中国品牌发展历程中的新篇章。

历经 20 多年的发展，"奇强"带给消费者高性价比、功效显著、民族感等良好的品牌形象。从品牌建立的渊源来说，"奇强"二字所蕴含的品牌内涵也是极为丰富的，具有较强的延伸空间。"奇强"取"配方奇特、去污力强"中的关键字而来，与以往国内洗涤品牌偏好于动植物名称命名不同，"奇强"展示给人们更多的是阳刚之美，品牌特征鲜明，充分表达诉求的差异化。因此，多年以来，"奇强"品牌给人的感觉一直是充满阳光，积极进取，责任和担当并存的良好形象。更给人以踏实稳重、坚定可靠的信赖感，更好的展现出父性的坚强色彩。

"奇强"在发展过程中，荣获诸多殊荣，包括中国驰名商标、国家免检产品、中国名牌产品等。产品范围涵盖洗衣粉、洗衣皂、洗涤剂、牙膏牙刷、母婴用品、厨房洗涤产品等诸多种类，其销量在国内也处于行业前列。"奇强"以其高性价比和亲民的特色，已经覆盖了国内主要市场，产品定位于中端产品、产品和广宣受众为普通消费者。

---

① 南风化工集团股份有限公司官方网站，网址：http：//www. nafine. com/nafine_adminapp/user/entrance/getEntrance. do? type = 0.

二、奇强品牌的现状分析

（一）"奇强"营销现状及模式分析

奇强从单一的洗衣粉发展到现在，有粉类、皂类、液洗（液体洗涤剂）、洗洁精、牙膏（刷）5 个品类 50 多个产品，年销售额 20 亿元左右。在营销实践中，奇强注重发挥渠道优势，总结提炼出了"1P+3P"的营销组合策略[①]。"1P"为渠道，"3P"包括产品、价格和促销，围绕渠道，其他 3 个因素为此服务。"1P+3P"的营销策略是立体的组合，而非 4P（产品、价格、渠道、促销）的孤立。奇强有专门的销售公司承担分销任务，以网络渠道建设为核心，实施渠道细化运作策略，所有工作围绕渠道建设和畅通分销展开。销售公司的核心工作就是织网建网，以网络基础建设为重心，搭建信息流平台，实现产品、价格、促销相互有机协调，形成"1P+3P"的营销构架模式。

奇强的"1P+3P"营销模式很好地发挥了全国销售渠道的网络优势，强化了渠道的获利能力，并在实战中取得了一定的效果。但是，"1P+3P"这种大面积的铺网、建网，需要强大的、持续的现金流支持，资金链如果出现问题，整个网络将十分被动，处于瘫痪的状态。同时，营销是一个系统的工程，除在终端制胜外，更重要的是从源头——产品的研发和设计开始，把消费者的需求和产品设计融为一体，为消费者提供超值的问题解决方案，通过产品的更新换代和概念创新，引导消费需求。洗化市场竞争激烈，产品同质化严重，今后的竞争将更多地体现在企业内在核心力的竞争，如果奇强在产品研发、概念创新和品牌运作方面没有突破的话，很难得到长足的发展。

原料、渠道，加上平价这一利器，"奇强"在市场竞争中取得了一席之地，但是，单有平价不足以迅速扩大影响、树立品牌，要想直接进入利润丰厚的高端市场，与外资品牌一较高下，奇强还有很长的路要走。统观奇强在市场

---

① 程绍珊、张博：《营销模式》，中国档案出版社 2013 年版。

上的表现和发展，存在的问题主要有以下几个方面：

第一，奇强在农村市场份额较高，在城市特别是一、二线城市中的大卖场销量不如人意，被城市消费者认为是廉价的、品牌知名度不高的商品。

第二，从目前情况来看，奇强的广告投入少，在其主力市场——农村的促销活动也明显减少，渐渐远离了自己的优势支点，再加上被"雕牌""立白"等国产品牌的包抄挤占，农村整体的市场份额有所下滑。虽然洗衣粉市场销量排名靠前，但是皂粉、液剂、肥（香）皂等整体产品销售情况表现不佳。

第三，相对于宝洁、联合利华等外资品牌，奇强缺乏品牌运作经验，推广品牌方法单一，品牌诉求空泛，广告创意缺乏个性，后期品牌建设投入不足。

第四，拥有全国性的营销网格，渠道建设较为成熟，但整体的获利能力有待提高。

第五，产品线不够长，产品品种少，获利能力低。奇强的产品涉及洗衣粉、液剂、皂类、牙膏几个方面，产品品种较少，洗发、护发类产品有所尝试，但在市场上均昙花一现便没了踪影。近年来，虽有黑泥类高档护肤品上市，但是仍处于试营销阶段，未形成规模效益。

（二）"奇强"品牌的行业环境分析

1. 现有竞争者之间的竞争

洗涤产品是人们生活中不可或缺的生活用品，市场需求较大，但随着人们生活水平和消费能力的提高，人们对洗涤产品的要求也越来越高。目前，洗涤剂市场上有很多颇具实力的竞争者，如宝洁、联合利华两大国际巨头。它们积极投入大量的资金进行科研开发，对产品进行准确定位，选择合适的目标市场，运用高效的营销手段将产品推向市场，通过大力加强品牌建设，使消费者"愿意买"，从而牢牢占据了洗涤产品的高端市场。此外，以纳爱斯、立白为代表的民族企业，则通过强化渠道和分销，实施"买得到"战略，以扩大市场占有率。可见在今后相当长的时间内现有竞争者之间的竞争会持续加剧。

2. 潜在进入者的威胁

洗涤剂产品的巨大市场，吸引着越来越多的新进入者，一些多元化经营的企业也开始将目光投向日化业：如恒源祥，"恒源祥"是目前全球最大的绒线制造商，公司涉及家纺、针织、服饰三大产业板块，而企业于 1999 年 1 月创立恒源祥日化公司，目的是为羊毛消费者提供增值服务，承担起消费者使用羊毛制品后如何洗涤护理的责任，以此进入日化行业。2009 年第一季度，专注洗护发生产销售的飘影集团也跨界进入洗衣液市场，一口气推出"先锋"品牌三大系列产品。业内专家分析认为，由于原料成本不断高涨，价格战愈演愈烈，洗衣粉利润空间越来越小，毛利率不超过 20%，但洗衣液毛利率则可达 30% 以上，巨大的利润空间驱使更多企业进入洗涤剂市场[1]。

对于洗衣粉市场，虽然利润空间减小，但据调查，产品质量的好坏是消费者购买时优先考虑的因素，由于洗衣粉同质化现象严重，虽然产品价格差别并不是很大，但价格因素仍是刺激消费者购买的主要因素之一。因此，对于新进入者而言，只要把二者有机地结合起来，找到一个最佳的结合点就会发现一个很大的市场机会，对现有市场造成威胁。

3. 替代品的威胁

科技水平的高速发展，给传统的日化产业带来新的挑战。如现今市场上出现了一种新的洗涤产品——洗衣球。洗衣球是采用物理洗衣方式，利用离子方法清洗衣物，在水中产生过量的（OH－）离子，提高水的 PH 位，使水分子活化，活化水分子易于渗入衣物纤维内部，使纤维和污物的结合变得松软，在洗衣机的搅拌下，污物较快脱离纤维，分散于水中，从而达到清洗效果[2]。该产品可以完全代替洗衣粉，省水、省电、经济、环保，不含有害化学元素，对人体、衣物没有伤害，排水不污染环境，对于那些追求个人与家庭健康、重视提高生活质量的消费者，该产品必将拥有较大的吸引力，这将加剧行业竞争，企业不可轻视替代品所产生的威胁。

4. 供应商讨价还价的能力

奇强的最大优势就是资源优势，从原料供应上看，它本身就是原料的供应

---

① 2009 年我国日化企业在上游市场中的竞争分析，中国报告网，网址：http：//free. chinabaogao. com/riyongpin/201002/0225Mc32010. html.

② 洗衣球，百度文库，网址：https：//wenku. baidu. com/view/f7ae7826ccbff121dd36830e. html.

商,它的大量原材料都是由自身提供。原材料充足,且省去了高额的运输费用,大大降低生产成本,所以,对于奇强而言,供应商讨价还价的能力比较弱。

5. 购买者讨价还价的能力

总体来看,日化洗涤剂市场购买者的讨价还价能力较强。洗涤品属于低值易耗品,消费者需求量大,但市场上洗涤剂品牌种类繁多,外资品牌长期占据高端市场,雕牌、立白等民族品牌也竞相争夺市场份额,当前还存在的一个问题就是产品的同质化,许多日化企业的产品功效,配方相差不多,但由于品牌定位或分销渠道的不同,造成产品价格的不同。消费者在进行购买时,会考虑到"顾客让渡价位",且顾客进行转换的成本是很低的,加上市场上替代产品的出现,进一步增强了消费者的讨价还价能力①。

(三)"奇强"品牌建设中存在的问题

1. 原有品牌战略定位不准确

品牌定位是品牌创造的关键,它标识产品或服务的来源,展示品牌特征和个性,体现品牌声誉,显示区别于竞争对手的本质特性。企业战略定位和战略选择上的失误,是品牌死亡的根本原因,品牌要发展首先需要根据市场环境进行准确定位,以适应激烈的竞争。随着洗涤剂市场的不断发展,同类产品不断增多,产品之间的差异性越来越小,同质化程度越来越高,企业只有结合自身资源和市场特点,通过正确的定位才能找到立足点。奇强最先将品牌定位为农村消费市场的低档产品,现全力进攻城市市场,将产品定位于中档,虽然在进攻初期取得了成功,但原有品牌定位已不能适应现有市场,面对新的竞争环境,应该重新修正原有定位以更贴近市场和顾客,获得更大的市场份额。

2. 盲目实施多元化战略,缺少多品牌管理

通常人们认为,实施多元化战略,企业可以充分利用现有资源,拓展业务领域,扩大业务范围,使企业获得更多的利润增长点。然而南风集团在奇强后

---

① 王者师:《南风日化有限公司市场营销策略研究》,哈尔滨工程大学硕士学位论文,2014 年。

又推出中华，主要是护肤品系列，同时还含有与奇强相类似的皂类产品，南风本打算将其定位于高档品牌，但由于缺少相应的管理，而使其沉没。企业在实施多元化战略时亦非无限，而是有一个"度"的问题，若超过这个"度"，品牌多元化可能在短期获利之后产生长期的负面影响。盲目实施多元化特别是非相关多元化，如果把握得不好，不但不能使资源得到最大化的利用和整合，还会使资源分散，管理失控，战线拉长，甚至丧失主业，降低企业的核心竞争力。

3. 品牌营销手段单一

奇强的品牌营销手段也不外乎明星代言，打促销战、价格战，缺乏营销策略的创新，大众化的营销手段很难在消费者心中留下深刻的印象。

4. 企业缺乏完整的品牌管理模式

完善的品牌管理必须是从原料采购到生产、销售、财务及售后服务等各环节的密切配合和相互衔接，同时还需要一支懂市场、懂管理、懂品牌经营的高素质员工队伍。缺乏这样一个完整的品牌管理模式，就可能会造成品牌延伸与产品整合、生产与销售、产品功能与消费需求、包装设计与时代潮流相脱节。

第二节 "奇强"的互联网广告传媒品牌建设策略

一、提高互联网广告宣传的专业化程度

（一）发达城市成立互联网广告策划机构

南风集团位于山西省运城市，城市定位为内陆的四线城市，发达程度不高，所处地域对外部高级人才的吸引力不够，针对此状况，建议在互联网经济较为发达、人才聚集较多的"北上广深""江浙沪"等城市设立专门的互联网

广告宣传策划机构，以吸引当地人才加入。首先，这类地区在互联网广告宣传上有着较好的氛围，有利于接触到最新的理念和思维，有利于宣传思路的开拓。其次，互联网相关人才较多，可选的人才群体较为宽泛，可有针对性地选择适合"奇强"品牌广告宣传工作的人才，拓宽吸引互联网广告宣传人才的渠道。最后，在这类城市开设独立的广告宣传机构，在满足企业自身宣传需要的同时，还可承接对外广告策划业务，创造收益和利润。

（二）委托专业机构进行互联网广告宣传

随着互联网行业的发展，专业的广告公司也随之而生，尤其对于发达地区来说，大牌互联网广告公司众多，对于"奇强"来说，如果不想增加机构、感觉建立专业团队的周期过长，也可以通过寻找专业的互联网广告公司合作来弥补该方面人才的不足，把专业的事交给专业的团队去做。对于合作企业的选择上，要有严格的筛选规则，并对其以往运作的成功案例进行甄别，可以通过招标手段进行，要求意向企业提供服务团队的人员履历和团队取得的成果，选择报价合理，实力较强、业务能力突出的广告公司配合品牌发展的需要。

（三）借鉴其他知名品牌的广告宣传策略

"奇强"在互联网广告宣传的道路上，还处于入门的初级阶段，但无论是行业内还是其他行业中，也不乏"奇强"这样的老牌国企把互联网广告宣传发挥到极致，让企业的发展紧跟时代的步伐。"奇强"要想依靠互联网广告树立更高大的品牌形象，还可借鉴其他企业的互联网广告宣传策略，不断归纳总结，将一些好的形式和方法借鉴到自己的宣传中来，转化适合自身的宣传亮点。

一个公司、一个团队的想法和创意总是有限的，广告宣传部门要有较强的时代感，洞悉社会和潮流的发展，虚心向好的广告模式学习和借鉴，取众人之所长，弥补自身之所短，要做到及时了解、宏观地分析构成竞争关系企业的广宣策略，要寻找差距，增加创意，尽快将自身水平提升到行业内前列。

二、完善互联网广告宣传渠道

（一）完善现有互联网广告渠道

1. 完善微信公众号相关功能

从消费者实用的角度出发，借鉴其他优质微信公众号推广的成功之处，改进"奇强"微信公众号现状，提高使用价值和资讯的精准程度，搞活微信公众号，发挥出一定的作用。具体举措有以下几个方面：

第一，要进行板块整合，针对现有微信公众号中存在的重复内容和信息的问题，务必通过整合，去除重复、无用的板块，增加消费者感兴趣或实用的板块，将关注度高的热点板块放在公众号引人注目的位置。在公众号中，可选择增加微信销售板块，微商招募、同城配送板块，优惠巨惠板块，便民服务（如旅游信息、违章查询）等板块。对于新增板块要注重功能的维护，确保每个板块可以正常使用，确保公众号整体的实用性和形象。

第二，加强消费者与微信公众号的互动，使消费者乐于加入其中。在充分了解消费者喜好的前提下，增加一些可以促进消费者使用的功能，例如每日签到赢积分、扫一扫赢积分、积分兑换礼品、每日有奖转盘、小游戏赢积分等功能，这些带有奖励性的功能，增加了消费者与公众号互动的环节，使消费者得到实惠的同时，还可以增加消费者关注的程度，增加消费者的忠诚度。

第三，对于日常的信息推送，要以实用性为基础，信息量广，消费者愿意阅读。要让消费者感觉该微信公众号存在的意义，提高品牌存在感和消费者对品牌的熟悉程度。互联网广告运营者可在恰当的时间推送如生活小常识、美食烹饪技巧、洗涤优品推荐、"奇强"线上线下优惠汇总等信息，但确保每日有信息推送，改变"奇强"微信公众号仅仅起到产品展示的现状，提高其活跃程度，提高消费者对企业、对品牌的关注程度。

第四，对于推送信息的频率频次及内容严格把关。在推送频次上做到每日更新，对于推送信息的筛选同样要保证实用性和吸引力，消息的选择要做到与时俱进，符合现阶段流行的趋势和消费者的兴趣，对比现有的微信公众号信息选择的现状，要注重提高信息传递的时效和频次，长时间不更新，旧闻当新闻充数、线下活动发布不及时，信息与消费者生活联系不密切等应付差事的行为，相关领导要严把信息选择关口，将微信公众号提升为消费者了解"奇强"的主要渠道、企业对外宣传的窗口，合理改善和运用微信公众平台，提高品牌形象展示的效果①。

2. 提升官方网站、合作推广网站的形象

第一，从"奇强"品牌官网页面来看，板块设置已经基本符合要求，展示内容也较为详尽。点击进入各个板块，二级页面的样式设计过于简单，菜单样式和字体样式过于传统和正式，缺乏一些年轻的元素和艺术感，浏览者参与度不高。网站设计者可从这几个角度来改变网站的现状。

第二，在"天猫"搜索"奇强"得到的结果仍然是零散的产品，不能直接出现"奇强旗舰店"，需要在所有产品图标下方寻找到店，但搜索"奇强旗舰店"可以得到直观的店铺结果，关键字与品牌全称的关键字关联度不强。点击进入"奇强旗舰店"，发现其页面样式较为常规，缺乏亮点，促销活动展示的图标缺乏吸引力。网站设计可以参照天猫商城中其他大品牌旗舰店的模板，寻找设计灵感，既符合产品形象的定位，又给人大气的感觉。

第三，百度词条搜索"奇强"的结果，板块和内容大多与"南风集团"相同，未能很好地诠释"奇强"品牌的相关信息，略显偏差。对于该项改良的方法很简单，减少"南风集团"相关信息，重新对"奇强"品牌的相关信息进行宣传，具体内容可借鉴"奇强"官网"关于奇强"和"品牌实力"的相关信息。

（二）拓展思路发掘新的互联网广告模式

1. 与网红主播合作进行宣传

网络直播平台已经成为年轻人手机娱乐的重要部分，网络直播平台的出

---

① 夏青：《基于微信公众账号的企业品牌形象传播策略》，载《当代经济》2015 年第 16 期。

现，颠覆了人们对自媒体的概念，给了更多人展示自己的平台，这是继微博之后一种更为火热的媒体形式，人人都可以做主播，人人都有可能当网红，抖音、斗鱼、战旗 TV、喜马拉雅等直播平台一时间成为年轻人关注的焦点，也涌现出一批具有百万级粉丝的知名网红。

网红现象的出现，拓展了人们的娱乐空间，也为互联网广告的宣传拓宽了渠道，全民偶像时代已经到来，尤其是一些知名网红对于产品的宣传力度，有时甚至比大牌明星代言更有说服力、更有针对性，也更容易让人们接受。网红的背后往往是团队、平台的运作，也需要财力物力的支持来运营。"奇强"可以寻找合适的机会，与一些知名直播平台、团队进行广告合作，将产品植入到主播的节目中去，借助网红的宣传力度，展示新品，对品牌进行宣传，实现互惠互利。

第一，要确定合作的平台或网红。对于这两方面的选择上，要综合考虑平台和网红的知名度，尤其对于平台和网红的公众形象、以往直播内容等要注意甄别，对于涉黄涉黑或一些不良平台要杜绝合作，确保选择的网红有着积极正面的公众形象，避免由于平台和网红的形象崩塌影响"奇强"品牌的形象。

第二，网红主播每天都会进行直播，宣传的密集程度较高，所以要合理安排合作期内的宣传内容，对于每天宣传的重点要有提前规划，如新品展示、网络专营店活动、节日特惠福利等，保证观众听众对于广告植入的新鲜感，提升对"奇强"品牌的了解和认知度。对于视频网红主播，可在节目中植入产品的使用，让消费者直观看到产品的效果，再结合主播的软广告词宣传，让粉丝愿意购买相关产品。

第三，运用时下较为流行的冠名专题的形式合作主播的节目，把要宣传的产品和营销活动融入节目之中，在整期节目中，可以通过聊天、故事、互动环节的内容表达出企业想要宣传的想法，充分发挥主播的粉丝效应，以其号召力调动粉丝参与到活动之中，以灵活的形式不断激发粉丝的购买愿望；还可以更进一步，通过国内各地的粉丝听众群体进行更大范围的品牌宣传，如微博、微信、自媒体平台等对同一话题进行炒作，在一定时期内可产生广泛的宣传效应。

2. 热门的手机 App 的筛选及广告植入

随着智能手机的不断普及，各种 App 的种类也越来越丰富，软件所涉及的范围涵盖衣、食、住、行、游、购、娱的各个层面，这些软件使用便捷、针对性强，与人们的物质生活和精神生活紧密相关，一些软件甚至每天使用，"奇强"可以通过筛选几类常用软件来考虑广告植入合作。如：生活类 App（墨迹天气、58 同城等）、团购类 App（美团、百度糯米等）、娱乐类 App（优酷视频、QQ 音乐等）、交通出行类（滴滴打车、百度地图）等。这些常备软件在每部智能手机中都可以免费下载安装，覆盖率很高。

对于手机热门 App 的广告植入，可以从以下几方面进行考虑：

欢迎页广告。该广告是人们打开 App 的第一幅画面，宣传力度最强，给人们留下的印象也最为深刻。每个 App 在开启时，均可在欢迎页面植入 3 ~ 5 秒的广告，可以对品牌进行展示，也可对新品进行展示，要求画面精致，重点突出。

品牌 LOGO 和商品图标的植入。这类植入的方式较为常见，分为广告链接植入和产品形象展示，如在一些新闻浏览软件中，多条新闻中间，会穿插进一条广告信息，消费者在点击广告信息后，可进入商品的官方网站或促销活动的界面；另一种采用产品展示的方式，例如"墨迹天气"App 中，会在主页面小娃娃的周围，展示一些产品，以产品的具体样式出现在页面中，配以晃动、出现等动画形式，吸引阅读者的注意。

与团购网站建立合作。团购网站满足了消费者对产品较低的价格期望，是商家促销的重要手段，也是商家提升品牌知名度的重要途径，"奇强"可与一些团购网站进行合作，以超低的价格或促销活动吸引消费者的关注和购买，实现营销和宣传一体化，进行产品和品牌的推广，提升知名度。

针对各类 App 推出专属活动。与 App 软件方展开合作，开展如会员专属福利领取等活动，这类活动对于 App 软件来说也是容易接受的合作方式，对于其客户维护同样起到促进的作用，而"奇强"也可有效地借助各类 App 的会员资源，在成熟的渠道中，进行自己的品牌和产品推广，换取醒目位置对品牌进行宣传，提高品牌的知名度，扩大品牌的宣传范围。

3. 鼓励员工运用自媒体形式进行品牌宣传

南风集团经过多年发展，多地成立了分公司，员工众多，随着越来越多的年轻员工加入"奇强"，90后、甚至00后员工开始逐渐成为公司的年轻力量，年轻人喜欢展示自我个性，对于在自媒体平台中自我宣传有很多创意，企业也可通过官方认证形式加入自媒体平台进行宣传，因此，除了之前提到的寻找知名网红合作之外，还可以自发进行自媒体宣传。

以时下较为流行的"抖音"为例，很多年轻人喜欢这款软件，自拍自录上传在网站中，该平台中，一些品牌、单位、机构、各类名人等都开始以"加V"认证的形式入驻抖音，宣传自身和进行品牌、形象的展示，以提高自己的活跃度以及粉丝对自身的关注度，很多很有特色的视频展示在公众面前，此方式在一段时间内可以很快提高一个关注点的热度，是一种很好的热点炒作方式。

以官方形式入驻，专职部门要定期拍摄品牌和产品的宣传小视频，以展示公司实力和产品魅力；号召员工集思广益，充分发挥各自才能，每天拍摄一段与"奇强"相关的、积极正面的视频，以风趣幽默或感人至深等形式展示自我和品牌形象，既可以满足自己的兴趣爱好，也对品牌和产品进行了特色的宣传。

4. 发展微商群体一举两得

微商是基于互联网空间，借助微信这个社交软件为工具的一种流行的商业形式。它以朋友圈为中心，社交圈子为纽带。微商既是消费者，也是创业者，同时也是信息的传播者、产品的服务者。微商的发展历经多年，目前正朝着构建完整体系的趋势发展，已经形成了较为完整的商业闭环，整合上中下游资源，相互合作和推进。截至2017年底，微商的从业人数将近3000万人，微商品牌销售额达到8600亿元。美妆、针织、母婴、大健康、农特等产品占据了微商市场的主要份额。

从微商的特点来看，其产品宣传速度快、传播能力强也是微商的重要功能之一，更重要的是，微商具有很强的主动性，只要合理地组织，并加以培训，给予一定的利润空间，在获得利润收益的同时，在宣传方面也可以起到很好的推广作用。

拟定专人负责该项工作,前期以区域为单位进行人员招募,培养骨干力量,制定相应的扶持政策和利润结构,让加入者能够通过微商平台获得不错的收益,鼓励微商更好地开展宣传和营销工作。后期通过骨干力量的挖掘和发展,以一定的优惠策略吸引人员加入,扩大微商团队,进行更大面积的产品宣传,重视品牌宣传在微商经营过程中对于品牌宣传的重要意义,对于市场推广积极、盈利较高的骨干成员重点培养,增加凝聚力,提高对品牌和团队的依赖度,更好地为"奇强"产品和品牌宣传做贡献[1]。

---

① 任闯:《"奇强"品牌的互联网推广策略研究》,太原理工大学硕士学位论文,2018 年。

第八章
转型发展背景下的
山西农产品品牌建设

农业产业化是增加农民收入的重要途径，也是在现实资源禀赋、经济结构和国家能力等条件下，解决我国农业症结的一条有效途径。山西积极发展特色农业产业化，形成生产、加工、销售有机结合和相互促进的机制，提升特色农业的附加值，推进农业向商品化、专业化、现代化转变，对充分发挥特色农产品资源优势、提高区域经济的市场竞争和农业综合实力、实现农业和农村经济的可持续性发展都具有十分重要的意义；农业产业化必然带来农业生产的规模化、标准化、市场化，这是山西省实施农业产业化品牌的基础；在形成农业产业化规模经营的格局下，农产品的差异性凸显出来，农产品的市场竞争日趋激烈，而农业产业化经营实施品牌战略是其提升市场竞争力的必然选择。

第一节　山西省农产品品牌建设存在的问题

一、山西省农产品品牌发展现状

（一）农产品品牌建设形式多样

山西省农产品品牌建设内容丰富、形式多样，既包括注册商标、名牌产品认定、质量安全认证（有机食品、绿色食品、无公害农产品认证）等，又有中国特产之乡评定和地方特色农产品申请原产地保护等。

山西名牌农产品大体包括三大类，其中，种植业类包括稻米、面粉、蔬菜、果品（比如运城苹果）、茶叶等；畜牧类包括猪肉、牛肉、鸡蛋、乳产品、蜂产品等；渔业类包括鳗鱼、鲤鱼、草鱼、中国对虾、日本对虾、中华绒螯蟹、海带、紫菜、裙带菜、江蓠等上百个农业品种①。

（二）品牌意识进一步加强、品牌数量增多

结合推进农业名牌战略、农产品质量安全等工作，山西省和地方政府各有关机构积极开展多形式、多层次的农产品品牌知识和质量安全宣传培训。通过宣传培训，农户、专业合作组织、农业龙头企业及各级政府、有关部门领导的农产品品牌意识有了很大提高，从而形成了农产品品牌建设的良好氛围。20世纪80年代，山西省品牌农产品总体上数量较少，在农产品进入买方市场以来，农产品品牌发展较快，数量急剧增加。

（三）品牌知名度不断扩大、品牌效益凸显

山西省和地方政府通过组织举办和参与各类农产品展示展销会、集中宣传和打造地区品牌等有效措施，扩大了农产品品牌的知名度。"沁州黄"小米、"三泰"核桃、"檀山皇"小米、"维之王"山楂、"运城苹果"等一大批地方名优产品有着较高的品牌知名度和市场美誉度。同时，清徐老陈醋、杏花村汾酒、五台澄泥砚、高平丝绸、平遥牛肉和推光漆器、怀仁陶瓷等享誉海内外，品牌的市场竞争力明显提高。

---

① 山西农产品加工信息网，网址：www.sxsncpjgxx.org.cn.

二、加强农产品品牌建设机制的必要性

（一）推动农业科学发展战略的贯彻和落实

中国要坚持走中国特色农业现代化道路，加快转变农业发展方式，提高农业综合生产能力、抗风险能力和市场竞争能力，推进农业产业化经营，扶持壮大农产品加工业和流通业，促进农业生产经营专业化、标准化、规模化、集约化发展。因此，农业向规模化、标准化、专业化的市场发展是符合时代潮流和国家关于农业科学发展战略要求的，农产品品牌建设与营销是对国家农业科学发展战略要求的全面贯彻。

（二）推动农产品企业走向正规化

中国农产品市场目前还比较混乱，假冒、伪劣产品甚多，品牌盗用极为严重，伪劣和假冒农产品品牌对国家经济造成了巨大的损失。如沈阳市警方在沈阳市陵区后寨村一仓库内现场查获大约 1.5 万 kg "东丹" 冒牌玉米种子，湖南省东岸乡东湖村多个厂家盗用湖南天湖泉酒业的 "香梁坊" 牌白酒的品牌，这些伪劣品牌对相关企业和消费者的合法权益造成了损害，对企业和消费者的经济造成巨大损失[①]。因此，建设有正规品牌的、有一定规模的农产品企业，开展农产品品牌正规化建设，是实现农产品企业和经营者向正规化、规模化和专业化方向发展的客观要求。

（三）推动农产品企业提高经济效益

随着经济全球化的不断深入，打造特色农产品强势品牌，提升农产品市场竞争力，推动农业快速发展，已成为中国农业现代化建设进程中的重要课题。

---

① 李景国、田友明：《农业科学发展战略视域下农产品品牌建设机制及其营销策略研究》，载《安徽农业科学》2014 年第 6 期。

农产品之间的竞争已从传统的价格、质量竞争逐步走向品牌竞争，品牌经营已成为农业市场全球化经营的主要方式。农产品品牌建设与营销能促进农产品附加值的提高，它具有潜在的经济价值。因此，农产品品牌建设与营销也是企业增加收入的重要方式，是企业增加农产品经济效益的常用手段。

（四）便于消费者识别农产品

对于种类众多的农产品，如不建立相应的分类机制和识别它的符号，必将会引起农产品市场混乱，不免有一些经营者"浑水摸鱼"，因此农产品品牌建设与营销也是方便消费者消费农产品、监督农产品，从而使自己的合法权益不会被侵害。同时也使政府通过对农产品品牌的间接干预，通过评选龙头企业，促进农产品市场竞争，并建立健全农产品品牌评价机制，筛选出健康的、优质的品牌，淘汰劣质品牌，从而优化农产品市场。

三、制约山西省农产品品牌建设的因素

（一）农业生产者参与市场的方式并不直接

品牌是生产者的无形资产，具有专有性。打造农产品品牌是生产者的投资过程，需要花费生产者额外追加的资本，如广告投入、服务投入等，当然，品牌的销售也会带给生产者超额的收益或利润。因此，应该说，农产品品牌的创立和保持，是农业生产者自身的经营决策问题。在目前情况下，虽然农民可以直接参与市场活动，但其并没有成为市场的积极参与者，只是间接参与市场，只有使农业生产者主动参与市场，才能调动其生产经营积极性，才能实施品牌经营，提高经营收益。龙头企业与农民的利益联系不够紧密，难以形成利益均沾、风险共担的产业链和共同体，这是另外的一个重要影响因素。

（二）农产品生产没有形成规模

品牌的创立需要一定的生产规模和经营规模，使生产的产品占有一定的市场份额，从而扩大某一品牌对市场的影响力。但长期以来，山西省农业生产规模小，农产品的商品率低、技术含量低，这一问题是影响品牌形成的又一障碍。主要表现在：一是山西的农产品大多采用一家一户生产的传统模式，成本高、收益低。二是农业生产规模小、资金积累慢，难以进行生产创新和新技术开发，从而难以实现品牌战略管理。三是生产商（企业）的规模小，难以独立建立各自的市场营销渠道，稳定农产品的市场占有率。另外，在市场营销中，广告投入也直接影响农产品品牌的形成。四是政府部门缺乏对农业产业化的引导，低水平重复建设和产业趋同现象严重。从近几年山西农业产业化的发展看，由于盲目的调整产业结构和缺乏长远的战略眼光，导致了部分农产品增产不增收和一些农产品加工业的低水平重复建设。

（三）农产品品牌经营方式过于简单

山西省的大部分农业产业化经营组织品牌经营手段单一，品牌组合、品牌延伸等策略应用较少。由于农产品以小规模农户生产为主，农民的市场经济观念还比较落后，对于品牌的保护意识更是淡薄。很多农产品生产组织缺乏品牌管理经验，没有对自创品牌实施有效的法律保护，造成竞争对手合理盗用品牌的现象。各种假冒伪劣产品充斥着广大的城市和农村市场，各种侵权现象也屡见不鲜，导致合法的品牌产品权益得不到有效的保障，最终引起消费者对品牌农产品的反感，也严重损害了生产者和消费者的利益。

（四）农产品品牌质量有待提高

农产品本身的品质所表现出来的品牌形象构成了农产品品牌质量。从山西省农业经营情况看，农村土地承包经营使农产品生产单位以小规模农户为主体。尽管山西省各地区都在积极推广农业产业化，各种方式联合的生产组织逐步发展起来，但是农产品小规模生产方式仍然是主流，农产品生产的标准化程度低，这就造成农产品品质不稳定、农产品品牌建设难度大。因此，山西省农产品品牌表现为品牌形象分散、规模小、缺乏个性、品质趋同等不良状态。

由于农产品本身的特殊性，即农产品具有较强的生物属性，农产品品种退化较快。持续保持较好的品牌形象必须不断通过技术创新改良农产品。由于山西省农业缺乏技术投入，产品研发力量薄弱，农产品品种更新慢，品质降低，造成部分农产品品牌的市场影响力逐渐减弱。此外部分农产品生产经营者质量意识淡薄，短期行为较为普遍，农产品生产过程中大量施用化肥、农药和其他药剂，致使农产品的食用性、安全性受到严重影响。特别是生产者往往重视农产品的内在品质，而忽视农产品的形状大小和色泽的分拣，重视产品实体质量，忽视产品营销服务质量，重视终端产品质量，忽视生产过程的控制，因此导致市场上的山西省农产品质量不稳定、品质差的现象。

（五）农产品品牌管理层次不高

由于农业产业化生产组织体系不完善，山西省大部分农产品品牌管理还停留在传统的较低层次的管理上，主要表现为以下几方面：

1. 农产品品牌管理缺乏整体长远规划

品牌管理是一项系统工程。目前山西省品牌农产品从地头到餐桌的输送渠道还显得发展滞后。此外，山西省农产品在包装、售后服务等方面也存在差距。农产品不重视包装，存在外形简单、不方便产品贮存和运输等问题。总结起来，可以看出山西省农产品品牌缺乏整体规划，特别是缺乏长远规划，使得山西省农产品的品牌影响力较弱，知名品牌、国际品牌数量很少。

2. 忽视品牌系统的建设

山西省品牌塑造手段多选择媒体广告的形式等消费者能感知的方式宣传产品，忽视对其他群体的品牌宣传。其实，品牌信息的传播对象不仅仅包括消费者，还应包括内部员工、投资者、供应商、中间商、同行业者、金融机构、大众媒体、政府组织、社区等。由于品牌建设缺乏系统规划，某个品牌往往不能长久地维持自己的品牌优势。山西省农产品品牌系统建设缺乏还表现为：

品牌管理环节缺失、品牌管理体系不健全。不少农产品生产者只重视商标和专利权的管理，很少涉及专门的品牌管理，没有设置专门的品牌管理机构，导致管理缺位。以上这些因素，就造成了目前山西省农产品品牌呈现以下的特点：

（1）品牌规模较小。除极少部分群体品牌外，大部分农产品仍存在"诸侯割据、各自为政"现象，难以形成组团出击、集中打响品牌的合力，缺乏市场竞争力。（2）名牌和精品少。在已获农产品品牌中，绝大多数农产品品牌市场知名度较低。目前，全国现有的96个中国名牌农产品中，山西省仅占两席。（3）产品科技含量低、附加值不高。山西省现有的品牌农产品大部分是鲜活产品和初加工品，科技含量低，附加值不高。（4）产品外向度较低。尽管山西省品牌农产品出口在我国占有一定地位，但从总体情况看，出口产品品牌还较杂，出口龙头企业规模还较小，特色农产品的整体出口优势还没有完全形成，出口产品影响力和带动作用还有待进一步增强。（5）品牌农产品的价格机制尚未完全形成，特别是大宗品牌农产品，其优质优价的机制尚未完全形成，这在一定程度上制约了农产品的品牌建设。

四、科学构建农产品品牌建设的运行机制及策略

（一）构建农产品品牌建设的运行机制

企业要转变观念，建立对员工的培训机制，增强品牌竞争意识。当今世界知名企业无不拥有自己的著名品牌，并借助品牌影响力牢固地形成自身企业在现代市场竞争中的优势。农产品品牌的创建必须依靠广大企业技术人员、管理人员的共同参与、转变观念、坚持农产品品牌建设与营销的创新，才能将战略性品牌管理的理念与农产品品牌建设工作评估的作用相结合。通过不断地灌输、指导与实践，走农产品品牌设计理念创新、目标定位准确、文化内涵丰富、品牌管理规划合理之路。

创新品牌形象设计理念，提高科技含量，构建企业新型人才的培养机制。进行品牌形象设计理念创新、提高品牌科技含量是增强品牌活力、赢得竞争优势的关键所在。品牌形象设计所涵盖的内容相当宽泛，它包括品名、品记、品类、品质、品位、品德、品行的综合型设计，是表达企业对品牌质量、发展取

向、发展目标、企业道德和品行取向的关键符号，因此品牌设计理念的创新对品牌建设显得至关重要。所以科学技术在农产品品牌建设中也有着极其重要的地位。

探索资源整合机制，发展多样化的农产品品牌企业。中国地域辽阔，农产品资源丰富，但是，大多数优质农产品没有品牌，使大量优质农产品卖价与一般农产品差别不是很大，没有发挥其真正的经济效益。农产品企业和经营者应抓住机遇，整合农产品资源，实行企业品牌多样化建设，扩大企业规模，向龙头公司的规模迈进，进行品牌建设和营销。其主要方式有：一是收购小公司实行多品牌建设；二是小公司联合经营，扩大品牌建设力度；三是扩大公司规模，与农业生产者建立相关关系，对其生产的农产品进行收购，建立品牌。

国家加强相关立法，构建企业农产品品牌扶持保护机制。目前中国已有《商标法》《消费者权益保护法》等法律，但这些法律不能满足日益复杂的农产品市场开发需求。"沈阳冒牌种子""湖南冒牌酒"等事件引发了当前农产品企业的品牌危机。在品牌化经营逐步扩展的今天，国家应加强相关立法，构建农产品保护体系，显得尤为迫切和重要。当然，品质是品牌的基础，农产品企业应制定严格的农产品质量标准，建立全面的质量监督、控制体系，在严格的质量标准监控体系下保证农产品质量工程的实施。

（二）积极探索农产品品牌营销对策

政府转变思路，引导企业增强品牌营销意识。转变营销思路，增强品牌营销意识是实施农产品品牌营销的先决条件。农产品品牌营销在很大程度上需要政府发挥积极的引导作用。一是针对企业品牌意识较为淡薄的问题，加强对企业的引导，帮助企业改变陈旧的营销观念，使品牌营销理念成为企业推广产品、增加收入的重要思想保障。二是建立并实施农产品品牌建设与营销的优惠政策，让企业真正体会到农产品品牌效应带来的效益，积极投身到农产品的品牌创建中去。

以"地域优势"为基础,以"三品一标"[①]为导向,打造农产品品牌独特的形象。由于农产品品牌本身形象具有"形象特殊性、地域特殊性和自然条件依赖属性"等特殊性,所以在进行品牌形象塑造时,应该以地域优势为基础,以"三品一标"为导向,进行农产品品牌形象的塑造。同时又由于品牌的个性是由一致性和识别性两大要素组成,企业在进行品牌塑造时,既要注重保持一致性,又要考虑到品牌是否与消费者有效沟通、进行情感交流达成独特的识别特性,完成品牌的个性塑造,为品牌的差异化创造有利条件[②]。

打造农产品品牌建设系统营销运作模式。对于企业而言,应充分利用各种社会资源进行品牌传播,不断地进行自我推销,通过建立全面的品牌系统运作模式,实现螺旋式上升的可持续发展格局。可以主要通过两种模式进行:一是与高校、科研机构、企业间的选择性合作,在提升品牌质量的目标下,实现互赢互惠;二是通过国家、省市事业单位与企业之间的品牌学术交流会议、访谈等平台,将企业的农产品品牌逐步推广出去,提高农产品品牌认可度、销售率。例如,山东55家农产品企业通过香港国际食品展,将本地区的500多种农产品推向了国际市场。

采取品牌延伸措施,不断拓展品牌范围。随着企业竞争压力的扩大,品牌已经从最初的识别功能、促销功能向信息传递、价值、形象等综合功能的转变。然而不同消费者关于对品牌功能的需求有所不同。为了进一步拓展市场,必须以核心品牌为中心,完善品牌体系,增强对购买者的吸引力。主要的对策就是通过品牌延伸手段来拓宽品牌范围,向顾客提供同一品牌不同功用和形象的农产品。例如四川省农业厅将四川广元7种地方特产组合打造为"广元七绝"[③],"广元七绝"一个品牌就延伸到了7种地方名产,节约了品牌

---

① 无公害农产品、绿色食品、有机农产品和农产品地理标志统称"三品一标"。"三品一标"是政府主导的安全优质农产品公共品牌,是当前和今后一个时期农产品生产消费的主导产品。

② 杜明:《用品牌建设促进"一村一品"发展的对策建议——以山西省大同市为例》,载《山西农业科学》2013年第2期。

③ 四川广元特产,包括苍溪雪梨、苍溪红心猕猴桃、朝天黑桃、青川黑木耳、米仓山牌富硒富锌绿茶、剑门豆腐、油橄榄。

建设及营销成本①。

第二节　山西运城苹果品牌建设的现状及相关策略

一、山西运城苹果品牌现状

目前，运城果业在"运城苹果"区域公用品牌的引领下，通过实行"母子品牌"运作，构建起"区域公用品牌＋县（市、区）产地＋企业商标"模式，以"母鸡带小鸡"的方式，带动辖域内各子品牌发展，各县市区和企业的品牌均以子品牌的形式出现，形成"母子品牌"的运作模式，实现子品牌产品溢价，使运城果业发展迈进品牌时代。

好品牌是好产品的标识代言，好产品是好品牌的内在支撑。"运城苹果"区域公用品牌发布后，该市同时公布了"运城苹果"的生产标准，让"运城苹果"从该市2000多个标准化果园里精管出来，以过硬的果品质量支撑"运城苹果"这一区域公用品牌，以推进果业供给侧结构性改革，加快现代果业发展。

在推进果业供给侧结构性改革工作中，运城市出台了一系列有针对性的举措和办法：大力推广矮砧密植栽培方式、果园生草等六大技术集成管理方式；通过适度规模的组织经营，提高生产质量与生产效率，把果业数量优势转化为质量优势；通过有机肥替代化肥、生物农药替代高毒农药等措施，创优苹果生长的绿色环境。在全市进行统一推广，积极培养一大批技术二传手，组建全市技术服务团，邀请全国知名专家，对全产业链进行全方位技术培训。

---

① 王学敏：《山西省农业产业化经营和农产品品牌战略研究》，山西财经大学硕士学位论文，2009年。

从"卖产品"到"卖品牌",依靠"运城苹果"的品牌引领,运城果业发展已迈入一个新时代。2018 年,第三届山西(运城)国际果品交易博览会召开,我们坚信,"运城苹果"这金灿灿的产业名片将会走向更广阔的世界舞台①。

二、山西运城苹果品牌建设存在的问题

(一)地方政府对农产品区域品牌建设不重视

品种繁多可谓农产品最大的特点,即使是同一类农产品,因为产地以及种植条件不一,品质差异也比较大。在我国,大部分优良农产品都以地名作为它的品牌代表,农产品区域品牌归根结底也是一种品牌,而作为品牌便意味着其承载着信息提示和消费引导的功能,这些功能有利于消费者在购买农产品时能够更加便捷地进行识别从而挑选。因此,农产品区域品牌建设对于提高我国农业产业化的程度、增强我国农产品竞争力有着至关重要的作用。

虽然农产品区域品牌建设的优势和意义是显而易见的,但是很多地方政府却未深刻认识到,因此在制定实施农产品区域品牌战略的时候,往往流于形式,没有制定具体的可实施的计划和政策。农产品区域品牌建设一方面可以提高农产品的竞争力、增加农产品市场销量,从而提高农民收入,另一方面可以优化产业结构,催生出一批农业龙头企业,转变农业发展方式,将第一产业与第二产业联合起来,带动区域经济发展,与此同时,消费者通过直接接触农产品这种直接消费品,通过其品牌效应了解该区域,对于提高区域形象、促进区域吸引外来资源都有很大的促进作用。因此,地方政府在农产品区域品牌建设的过程中,可以与区域形象建设联合起来,形成良性互利的发展模式。

---

① "运城苹果"是如何炼成的,山西新闻网,网址:https://baijiahao.baidu.com/s?id=1615887292192156604&wfr=spider&for=pc.

（二）果农的思想观念并没有得到转换

农业生产、农村发展的主体是农民，农民生产过程中的思想观念直接影响着其生产方式，并间接作用着农村建设以及我国未来农业发展能力，农村生产力要发展，思想观念要先行。现阶段，我国农业生产总量极大提升，农业发展面临着如何从之前的"增产增收"转变为"优质健康"，面对当前新的市场需求以及新的时代背景，农民思想观念的转变显得尤为迫切。

在农产品区域品牌建设过程中，如果农民能够认清当前农业生产形势，与时俱进，理解和配合政府在农产品区域品牌建设过程中所颁布的一系列政策法规，那么，在农产品区域品牌的建设过程中，农民和地方政府齐心协力，必定能够在激烈的农产品竞争市场中凸显优势。在我国新农村建设过程中，逐步缩小城乡收入差距，打破城乡二元体系，使农民能够享受到改革开放的成果，使农村得到进一步的建设和发展。为了实现社会主义新农村的建设目标，建设农产品区域品牌，以优质健康的农产品打开市场大门，增加农产品的品牌附加值，而这一切的前提都是引导农民转变生产观念，创新农业生产经营方式，因此，地方政府在农产品生产经营过程中应该注重对农民生产观念的引导与激发。

（三）农产品区域品牌建设体系不完善

农产品区域品牌的建设，最根本的还是优质、安全、标准化的农产品品质的建设，俗语讲"酒香不怕巷子深"，在农产品区域品牌的建设中，抓好产品质量是建设农产品区域品牌的基础。如果农产品本身质量不高，而区域品牌在建设过程中如果加大宣传力度，最终会使消费者对该产品产生华而不实的不良印象，进而影响到整个区域形象的建设。尤其是最近几年，消费者对于农产品的质量安全越来越关注，"水果打蜡，使用催熟剂、着色剂，滥用化肥、农药"等问题在新闻中层出不穷，因此，注重农产品的质量安全，建立农产品质量保证机制和监督机制势在必行。

相对于英美国家，我国的农产品标准化水平较低，尤其是很难达到国际标准，在国际市场上很难打开销路。我国农产品质量安全体系建设过程中主要面临两方面的问题：一方面是农业国家标准建设不健全，标准数量不足，标准不统一，标准制定的不具有足够的前瞻性和系统性，因此，在一定程度上制约了我国农产品的标准化生产；另一方面，我国农产品国家质量安全标准的执行存在很大的问题。目前我国大多数农产品的流通模式是：农户—收购商—批发市场—摊贩，在此流通环节中，几乎没有国家质量监察行为，而农民的种植环节，也没有明确的农药、化肥使用量的限制，很多农户都是自己摸索地使用农业生产资料，随意性很大。因此探索农产品标准化生产机制，建立农业标准化质量安全监督机制具有紧迫性。

（四）地方政府对品牌营销不积极

市场经济下，市场竞争的激烈程度以及市场变化的速度在很大程度上使得分散、弱小的农户难以适应，因此，我国农业产业市场化程度发育并不成熟，农户天生具有进入市场以及参与市场竞争的"功能性缺陷"。对于农产品区域品牌营销而言，需要依靠资金、技术以及信息等条件来树立农业大市场的整合营销的观念，需要一批接受过专业的营销培训，能够将农产品生产、营销策划以及销售实施加以整合，及时判断市场需求，紧跟市场步伐加以调整的精英人才，但是这些恰恰受制于资金、信息、技术，尤其是自身素质有待提高的当前的农民是无法企及的。

为了提高我国农产品营销渠道的效率，加快农产品区域品牌的建设，应该克服现阶段的单一地依靠农民对市场需求的主观判断，依靠政府和社会组织的力量建设起专业的、组织化程度较高的农产品营销队伍。农产品区域品牌建设的本质是提高消费者对于该品牌的认知度，而认知度的培养必须通过对农产品区域品牌的差异性进行有效的宣传与传播，从而使消费者认识、了解到熟悉、认可，最后培养起对该区域品牌的忠诚度。

地方政府在农产品区域品牌的建设中应该开展渠道多样、形式丰富的推广宣传活动，对农产品区域品牌的核心价值理念进行传播。但是，目前我国地方政府在农产品区域品牌建设中的营销力度并不大，表现在没有充分发掘农产品区域品牌背后的文化内涵和价值优势，没有制定相应的农产品区域品牌发展战略以及进行明确的农产品区域品牌定位，也没有实施充分的公共关系策略来培育区域形象，进而提升农产品区域品牌的知名度。

三、山西运城苹果品牌建设策略

（一）强化区域品牌建设意识

在运城苹果区域品牌的建设中，首先要从运城苹果产区的实际情况出发，将运城地区的地理环境、苹果产业结构和发展模式相结合，对运城苹果这一区域品牌建设做到足够的重视，将发展苹果品牌及农产品品牌经济列入运城地区经济社会发展的总体规划中，成立专项领导小组，进行苹果品牌建设，并将这一战略工程进行扎实的落实，从政策、资金等方面进行倾斜帮扶。同时，在建设并完善运城苹果品牌的过程中，运城政府相关部门应该制定有关苹果品牌培育、申报、推荐以及认定等程序和规则，并且进一步加强培育商标服务的中介组织，积极鼓励企业申报自己的商标并将其培育成著名的商标，大力推广"龙头企业＋商标＋农户"或者"协会（合作社）＋商标＋农户"的生产经营模式。由运城政府牵头，将各县分散的苹果品牌进行整合，汇聚成"运城苹果"这一公共区域品牌，例如将临猗苹果、万荣苹果以及平陆苹果等各县级区域品牌进行重新汇聚整合，以"运城苹果"为主要区域公共品牌，加强运城苹果区域品牌的宣传效应。

另外，从产业关联性来看，农业对劳动力、农资产业以及旅游观光产业具有较强的带动作用，因此，也可以将第一产业与第二、三产业结合起来，加快区域经济的发展。运城市政府在建设运城苹果区域品牌的过程中，可以扩展思路，从广大消费者的角度，基于现阶段消费者对于生态环境的保护、乡村观光旅游的热衷以及养生理念的诉求，在建设农产品区域品牌的过程中，加深对农产品区域品牌中特色文化的挖掘，将农产品区域品牌与生态有机农业、休闲观光旅游农业以及创意农业等新型农业形态相结合，使农产品区域品牌的建设走向复合型路线，将农产品区域品牌蕴藏的经济效益、生态效益以及社会效益发挥出最大效用。同时，重点将农产品区域品牌建设与原产地文化紧密结合起来，实行差异化竞争战略。将农产品区域品牌建设与有机农业、环保以及美丽乡村建设结合起来，赋予农产品区域品牌良好的社会责任形象，使社会公众对该区域品牌建立起持久的、稳定的认同感，进而增强农产品区域品牌的宣传效用。

（二）重视运城苹果的标准化生产体系的建设

一方面通过进一步推行苹果示范园或者栽种基地建设，推广有机、绿色的栽植方式，另一方面鼓励农民走出家门，互相沟通，打破近几年苹果示范园无人问津、示范效果不明显的现状。标准化的生产是基础，而客观权威的认证体系也非常重要，因此，运城市政府应该组建并扶持第三方农产品认证机构，通过建设第三方检测体系，对进入市场的运城苹果进行严格把关，并且建设质量安全追溯体系，使得进入市场的运城苹果可以追踪到其生产过程中的每一个环节，使得消费者对经过全程监控的苹果产生相应的信任感，为运城苹果区域品牌建设打好质量基础。

（三）重视网络营销

鼓励果农通过微信、QQ等社交软件以及网上开店的模式进行苹果的推广和销售。对于近两年出现的微商渠道售卖苹果，政府应给予足够的重视，抓住先机。目前微商渠道售卖的苹果主要一个环节是快递流通环节，而市场上的快递类型虽然多样，服务整体来说可圈可点，但是快递成本相对较高，以2017年山西省运城市临猗县北辛乡道场村果农通过微信售卖的苹果为例，一箱5千克的苹果一般售价在33~45元不等，而其中苹果的快递费一箱是10~18元不等，包装纸箱一个平均售价4.5元，这两项支出占到苹果售卖价格的1/3接近一半，而苹果的价格在成本里面所占的比重非常低。快递的成本是一方面，而苹果在快递过程中出现的问题又是另一方面，很多在微信上售卖苹果的果农表示，经常会有客人反映快递员在快递过程中将苹果撞伤，而快递公司以"包丢不包损"的行业规则拒绝承担相应的责任。

因为果农文化水平不高,对新事物的接受能力较慢,在快递发货过程中,需要运用 Word 文档、Excel 表格对大宗快递订单地址进行整理,而这些过程都需要果农自己操作,否则会严重影响供货进程。地方政府应该在果农利用网上平台或其他渠道直销苹果的过程中,出台一系列政策文件,帮助果农维护快递过程中出现的一系列权益问题,并组织果农代表与快递公司进行谈判,协商苹果快递发货价格,使得互联网时代这种新型的苹果销售模式得以持续健康发展,并进一步推广运城苹果品牌。地方政府进行一些讲座宣传,手把手教果农在网上开店学习,使得果农既要懂栽培,又要会销售,成为社会主义新时代的全能型果农。然后,通过地方政府牵头,龙头企业带动,通过与国内国际大型电子商务公司建立战略伙伴关系,努力创新并同时丰富"互联网 + 运城苹果"模式的内涵。

从当前互联网技术对传统制造业销售渠道颠覆的趋势来看,互联网电商平台进入农业产业是大势所趋,因此其前景非常广阔,在现阶段农产品区域品牌的建设过程中,地方政府应该提供前瞻性的公共产品服务,带领地方龙头企业以及优秀农民专业合作社与京东、阿里巴巴等电商公司合作,一方面借助大型电商平台的一体化运营模式为农业企业提供专业的营销平台,快速地提高区域农产品的销售规模;另一方面在合作中,对申请入驻平台的企业建立原产地产品质量认证机制,既可以保证农产品的质量,又可以加强农产品区域品牌的宣传。

第三节　山西老陈醋的品牌建设策略

在 2014 年农业部发布的《特色农产品区域布局规划(2013 - 2020 年)》中,特色品种的优势产区被确定,主要是按照生产条件、产业基础、区域分工的标准确定的。具体而言特色农产品应该符合 3 个基本特征。第一是符合农产品的生长条件。第二是符合产品的优质特性。第三是符合产量的集聚性。按照当代经济学理论，产品的出口规模和生产效益息息相关，形成商品的竞争优势必须符合一定的产量规模①。2016 年 3 月 9 日，山西省农业厅将晋南苹果、吕梁红枣、平遥牛肉、陈醋、核桃、杂粮、太行小米、雁门肥羊等八大种类的农产品，列为山西农产品的特色代表②。2017 年 9 月 16 日，中国（太原）煤炭交易中心举办了第五届中国（山西）特色农产品交易博览会农业品牌大会。大会介绍了山西省特色农产品品牌建设情况，对山西省特色农业品牌进行了发布。会上公布了"山西小米"和"山西陈醋"两个山西省最具影响力的特色农业区域公用品牌，分别授予山西省粮食协会和山西省醋产业协会③。

一、山西老陈醋概述

山西老陈醋是以高粱、麸皮、谷糠和水为主要原料，以大麦、豌豆所制大曲为糖化发酵剂，经酒精发酵后，再经固态醋酸发酵、熏醅、陈酿等工序酿制而成。其主要酿造工艺特点为：以高粱为主的多种原料配比，以红心大曲为主的优质糖化发酵剂，低温浓醪酒精发酵，高温固态醋酸发酵，熏醅和新醋长期陈酿。老陈醋是山西省特色农产品，是中国四大名醋之一，生产至今超过 3000 年历史，被誉为"天下第一醋"。陈醋以色、香、醇、浓、酸五大特征著称于世。2011 年 8 月 7 日，山西权威部门称当地所产老陈醋安全、可靠、可放心食用。按照 2014 年 10 月 1 日起正式实施的山西老陈醋产品质量新标准，山西老陈醋不用再标注保质期，且只有酸度为 6 度才能被称为正宗的老陈醋④。

---

① 中华人民共和国农业农村部官方网站，网址：http://www.moa.gov.cn/nybgb/2014/dsanq/201712/t20171219_6105530.htm.

② 山西八大特色农产品告诉你什么是"特色"，三农网，网址：https://www.zg3n.com.cn/article-6119-1.html.

③ "山西小米"和"山西陈醋"获我省最具影响力农业区域公用品牌，山西新闻网，网址：https://baijiahao.baidu.com/s? id =1578738219578626937&wfr = spider&for = pc.

④ 山西老陈醋，山西省人民政府网站，网址：http://www.shanxi.gov.cn/sq/cysx/jztc/201612/t20161222_271952.shtml.

二、山西老陈醋品牌营销路径与策略

(一) 注重包装设计

在山西陈醋包装设计中用绿色作为标准色，还加以白色、深绿色做了辅助色，与标准色结合形成强烈的对比差异，在颜色上就将包装的文字和图形等方面做了层次的规划，达到实用性和美观性的完美统一。外包装上传达出了山西老陈醋相关历史，突出了地域特色，也宣传了地域品牌，增强了山西特色农产品在消费者心目中的存在感。食品行业里的"洽洽"香瓜子就是一个低成本利用视觉感创建强势品牌的典范。在洽洽问世之前，中国的瓜子包装档次十分低，基本上采用塑料包装，洽洽瓜子率先在包装上做文章，采用图文并茂的牛皮纸袋，陈列在超市货架上，给整个瓜子行业带来了一次变革，恰恰瓜子率先摆脱了低档的品牌联想，同时形成了强大的品牌区隔，价格也较竞争对手高出几倍。

(二) 甄选合适的品牌代言人

紫林醋业于 2006 年初，与国内著名影星徐帆签约代言，斥巨资打造山西老陈醋知名品牌，形成以产品质量为中心的集技术、包装、营销、服务、思维创新为核心的山西老陈醋强势品牌。2010 年徐帆参加紫林十周年庆典活动，徐帆的好形象加上紫林扎实的产品，让消费者一下子就记住了"紫林"品牌，使得紫林的销售额猛增。与此同时，基于对山西食醋行业品牌多而杂、内斗竞争激烈的深刻认知，紫林醋业经理果断制定了"暂时放弃省内市场，优先发展省外"的销售策略。随着明星代言热度的发酵，紫林在当时用了不到一年时间就发展了 360 多个一级代理商，不但在全国各大超市有了立足之地，也为如今铺设成功 25 万个销售网点打下了坚实的基础①。企业邀请明星代言，站在企

---

① 山西老陈醋生存调查 (二)：文化不能卖钱，但品牌能，搜狐网财经频道，网址：http://www.sohu.com/a/159759101_540853.

业角度上来说，不仅能强化品牌知名度，也能刺激消费者对产品产生强烈的购买欲。对于消费者来说，广告可以提供给他们一个消费向导，便于消费者快速做出购买决定。

（三）着力开展广告品牌的价值宣传

1. 以消费者为中心

企业应该注重品牌价值的宣传，同时也应该通过整合各种营销传播工具，使更多潜在消费者通过参与营销活动，了解山西陈醋的品牌定位，激发其购买欲望，达成购买事实，这些措施不仅使山西陈醋的销量显著提升，并且使得消费者对陈醋这种健康型饮品有了更加广泛的认识，扩大了果醋饮料的市场。可以看出，未来陈醋市场的竞争会更加激烈，山西老陈醋只有将消费者放在核心地位，才能不断挖掘出新的消费潜能，维持原有客户的忠诚度，保持现有的市场占有率。

2. 对品牌进行精准定位

如今食醋行业同质化产品越来越多，各种醋企要想在激烈的市场竞争中占有一席之地，就必须对品牌进行精准定位。山西老陈醋应该认准养生、健康进行精准定位。2008 年紫林醋业在北京奥运会期间建设了免费的养生馆，以此来传播紫林陈醋独特的养生功能，2015 年，紫林醋业赞助了山西春晚，以及后来连续冠名山西卫视收视率最高的"小郭跑腿"节目，使得紫林醋业的品牌知名度在短时间内有了极大的提高。

人的发展具有层次性：物质层面、精神层面和灵魂层面，品牌也是如此，只有定位出震撼灵魂的品牌核心价值，才能达到在传播中"四两拨千斤"的效果，省掉大量的传播费用，达到低成本创建强势品牌的目的。以烟草行业中的黄山香烟为例，"一品黄山，天高云淡"核心定位让黄山香烟轻易突破红塔山等强势品牌的封锁，成功问鼎高档香烟品牌的宝座。

3. 品牌广告语同一种声音

"怕上火，喝正宗凉茶""正宗凉茶，加多宝出品"这些加多宝广告语耳熟能详，抓住了正宗凉茶的制高点，使加多宝品牌得到了认可，吸引消费者继续购买。加多宝凉茶的经验可以用于山西老陈醋企业，在进行整合营销传播的过程中，应该整合企业内外部的资源，用"同一种声音"，以统一的形象与消费者进行接触，只有这样，才能够达到整合利用资源的目的，最终达成整合营销传播的目的。

4. 综合运用整合传播品牌

多媒体时代到来，单一的营销手段或者传统的传播方式对于市场占有率的影响逐渐降低，企业必须整合各种资源，挑选适合自己文化和品牌的营销传播工具加以优化组合，合理安排布局，才能够最大限度地接触消费者，吸引消费者参与。

随着竞争日益激烈，调味农产品类经营企业的差异化越来越小。然而，对于城市各式各样的消费者诉求，企业仅仅提供新鲜安全的产品还不足以打动消费者。因为竞争企业也有能力向消费者提供安全、新鲜和优质的产品，企业很难从有形的产品层面获得明显的竞争优势。因此，山西醋企要不断挖掘消费者其他潜在的需求，如：情感需求、品牌需求、沟通需求和体验需求等，并通过特定的方式打动消费者，才能使其成为企业的忠诚顾客。

第四节　山西省沁州黄小米的品牌建设策略

一、山西省沁州黄小米品牌概述

沁州黄形体金黄，味道香美，且营养丰富，经过有关部门鉴定，它所含的脂肪量、蛋白质、可溶性糖类的含量，都高于普通小米。因而常常在北京农业展览馆展出，也曾在广州交易会和印度国际博览会上赢得好评。山西省农业厅为推动现代农业发展，出台"加强资金整合力度，建设 24 个优势农产品基地县"重大举措。长治市沁州黄小米示范基地建设项目名列其中，受到省政府的高度关注和大力支持。

　　山西沁州黄小米（集团）有限公司是长治市乃至山西省成功推进农业产业化品牌经营的成功案例，公司于 2000 年初，按照现代企业制度的要求在原沁州黄开发服务中心基础上改制组建成立。该企业以股份制为基本模式，整合了县域及周边县区的 6 个小米生产销售企业。公司股本总额为 6974 万元，由 19 个自然人股构成。公司资产总额 8419 万元；固定资产 1674 万元；流动资金 1195 万元。拥有较为先进的仓储、生产设施和科学完善的生产手段，产品出厂形成了高档名瓷坛装、精美礼品盒装、彩塑袋装、普米袋装的品种系列。标准化专业生产基地规模达 8 万亩，优质谷子良种繁育基地 1000 亩。产品稳定占领山西市场，巩固了北京市场，远销东北三省（市）及石家庄、天津、上海、深圳等沿海地区，占有全国小米市场 35% 以上的销售份额。集团公司连年被评为省、市优秀龙头企业、AAA 级信誉度企业。

　　山西沁州黄小米（集团）有限公司的发展得到政府的积极支持。到 2010 年，该公司连续四年持续推进，能得到省投资和市、县配套投资 1300 万 ~ 1600 万元，企业自身融资 9400 万元，规模达 1.1 亿元。在政府有力支持和该公司的努力下，通过良种繁育建设工程、节水补灌建设工程、土壤检测和产品监测设备等服务体系完善配套工程、深加工产品建设工程、草粉加工建设工程等重点项目建设，沁州黄小米生产基地有质的提高，产品质量和产量明显提高，农户收入显著增长，这对加快沁州黄小米产业发展起到了至关重要的作用[①]。

二、沁州黄小米产业化品牌经营的策略

（一）通过行政手段的运用推进沁州黄发展

　　沁州黄的发展离不开政府行政手段的推动。山西省和长治市政府切实做好发展沁州黄的组织实施工作。在专门机构的组织下，认真制定发展规划和实施

---

① 　山西沁州黄小米（集团）有限公司官网，网址：http://www.qinzhouhuang.com/.

计划，为山西沁州黄小米（集团）有限公司的创立、发展和壮大创造良好条件。政府立足实际，拓展领域，在管理、监督、指导、协调、服务工作方面，为沁州黄的发展创造更加宽松的环境。政府在工作中对信息咨询、招商引资、网络营销等工作摆上了重要位置，在促进产品销售、引进技术人才资金等方面提供了更加有效的服务。政府还加强名牌产品和品牌农业形象的塑造和宣传。充分利用信息网络、广告新闻等各种媒体手段，不断扩大沁州黄农产品在国内外市场上的知名度。

（二）扩大市场规模、增强品牌产品影响力

在确保沁州黄质量的同时，运用各种方式，不断扩大沁州黄小米的生产规模。为实现这一目标，山西省通过良种繁育建设工程、节水补灌建设工程、土壤检测和产品监测设备等服务体系完善配套工程、深加工产品建设工程、草粉加工建设工程等重点项目建设，沁州黄小米生产基地有质的提高，产品质量和产量明显提高。该公司还努力开拓国内外市场，提高市场占有率，不断提升沁州黄的知名度和竞争力。

（三）注重农业技术创新、实现品牌价值的增值

从沁州黄及其加工品的形成过程看，由品种研制，到良种选育，再到产品生产和后序的加工、包装等各个环节，都离不开科技支持与技术创新。山西沁州黄小米（集团）有限公司坚持高起点、少投资、快投产、高效益发展的原则，走产学研结合的路子，立足实际，切实加强与国内外科研院所的人才交流和技术合作，尤其重视自身的技术增长后劲，不断引进技术人才，扩张技术开发空间，提高产品技术含量。

近些年来，山西沁州黄小米（集团）有限公司依靠优势人才资源和科研院所及大专院校的雄厚技术，为沁州黄的培育发展提供了有力的支撑，努力构建了一个从沁州黄生产、加工到营销的技术创新体系，攻克沁州黄加工、保鲜中的重大技术难题，不断增加沁州黄的科技含量，提升沁州黄品牌价值，推进了沁州黄快速发展。

第五节 提升山西省农产品品牌战略的对策措施

一、利用市场和组织等手段，促进农产品品牌发展

山西省应抓好市场体系建设。名牌农产品要以市场为导向，使其适应国内外市场的变化，建立和完善现有市场，建成统一开放、竞争有序的市场体系，根据市场需求调整结构，优化资源配置，充分发挥名牌产品产业化经营的优势。针对山西省各地情况，目前要充分利用各地现有中小市场和综合市场，改革流通、健全规则、加强管理；同时组织、引导、帮助民营销售队伍，充分发挥民间流通组织的作用。要加快各地方（晋北、晋南、晋东南、晋中和吕梁）中心市场的建设，尤其是应注意加强太原地区的辐射带动作用，尽快建立山西省内信息网，加强地、县联系。

在抓紧建设农产品市场的同时，山西省还应该利用市场手段调节农民生产导向和生产积极性，减少农民生产的盲目性，积极引导农户生产，使得山西省农产品品牌快速、高质发展。当然除了利用市场手段来调节农民生产导向，使农业生产者在市场中占主体地位外，政府还可以根据实际情况，协调建立各种形式的农业产业化组织。通过基地、订单、股份合作等途径，将分散的千家万户联合成一个利益共同体，形成生产品牌农产品群体，作为农产品品牌战略的组织依托，以此来积极促进农民在市场中的主体地位作用的发挥。

二、扩大品牌农产品生产规模

现代农业是规模农业。所谓规模农业，一般认为，种植业主要指种植土地面积的数量，畜牧业主要指畜禽饲养的数量，水产养殖业主要指养殖水域面积的数量。适度扩大经营规模，有利于充分发挥土地和劳动力资源的潜力，充

分、合理地利用物质技术装备和科学技术；也有利于实行专业化经营以及开展农业生产、技术的社会化服务，做好农产品的购销、加工、贮运等工作，从而提高农业劳动生产率和农产品的商品率，增加农民的经济收益，加速农业的现代化。可以说，发展适度规模农业，是中国农业由传统农业向现代农业转变，由自给、半自给生产向较大规模的商品生产转变的必由之路①。

目前，山西省农业生产普遍存在规模过小的问题，难以获取规模经济效益，制约了农业经济的发展。而农业经济发展缓慢，又制约了工业经济的发展，不利于城乡二元结构的打破。因此，从现有基础出发，山西省应该在有条件的地方，逐步发展多种形式的适度规模经营，应该是加快农业发展的一个现实选择。

发展农产品加工业，关键是培育和壮大龙头企业，充分发挥龙头企业的作用。加快农产品市场主体培育，进一步打破所有制、行业和行政区域界限，多渠道培植壮大品牌经营型龙头企业群体，面向国内"引"，立足已有龙头"扩"，引领现有企业"转"，引导多种经济"上"，从而改变山西省目前的生产规模小、农产品品质差别小、营销方式落后等问题。建立有特点的品牌产品产地市场，集中销售当地的名优农产品；同时建立稳定的销售渠道，开拓新的业务关系，促进农产品的大流通。在有条件的地方，加快品牌农产品的国际化；加强农产品市场主体的诚信建设和质量体制建设。山西应围绕玉米、专用小麦、马铃薯、蔬菜、油料、苹果、梨、生猪、奶业、肉牛、肉羊、鸡等12种优势农产品和杂粮（谷子、莜麦、荞麦）、棉花、中药材、绒山羊、红枣、核桃等8种特色农产品等有竞争优势和比较优势的产业或产品，着力培育一批市场占有率高、技术创新能力强、在国内同行业中具有较强竞争力甚至领先地位的农产品加工龙头企业，促进农产品加工企业上规模、上档次、上水平。

主要途径有：（1）要充分抓住当前山西加大对外开放力度的有利时机，切实转变观念，放眼长远，结合自身资源优势，大力引进有资金、有技术、有市场和辐射带动能力较强的龙头企业。

---

① 雷海潮：《发展现代农业的5项措施》，载《科技情报开发与经济》2007年第13期。

（2）积极鼓励有竞争力的农产品加工企业利用资金、技术、品牌、市场等优势，通过联合、兼并、资产重组、股票上市等途径，提高企业规模化、集团化、专业化生产和网络化销售的水平，发挥龙头企业的群聚效应。

（3）大力发展农产品精深加工型、科技型龙头企业，提高产品附加值，增强竞争力。根据扶大、扶强、扶优原则，重点培育一批带动能力强的外向型龙头企业，提升山西农产品的国际竞争力。

（4）努力提高企业经营管理水平，建立和完善龙头企业与农民的利益联结机制，提高农产品加工业组织化程度，促进企业与农民的共同发展。以长治市为例，在加速龙头企业建设中，通过壮大沁州黄、檀山皇等龙头企业，拉动该市60亩名米产业发展；壮大襄垣黄土蛋、长子古德曼绿壳蛋、郊区麻鸭蛋等蛋类龙头企业，拉动该市养鸡产业的快速发展；壮大世龙腊驴肉、长治县兔汁驴肉等龙头企业，拉动该市6万头养驴基地的发展；壮大沁源红烧牛肉、武乡牛肉制品等龙头企业，拉动该市279万头肉牛产业发展；壮大鸣源、牧村、紫团等奶制品龙头企业，拉动该市1.2万头奶牛产业发展；壮大云海外贸肉联厂、屯留建民兔业等龙头企业，拉动该市100万只养兔产业发展，扩大外贸出口；壮大大红袍龙头企业，拉动该市30万亩花椒基地建设；壮大黎城外贸、纪兰饮料等龙头企业，拉动该市25万亩核桃等干果产业发展；壮大长治市面粉厂、襄垣仙堂山面粉厂等龙头企业，拉动该市30万亩绿色优势专用小麦的发展；壮大金泽生物公司、正泰实业公司、雷泽淀粉公司等龙头企业，拉动该市120万吨玉米的加工转化；壮大肥老大、金晶药业、郊区绿色生物发展中心、益尔生物农药龙头企业，促进该市绿色经济区建设；壮大恒山、正大等龙头企业，促进饲料加工业发展，拉动该市杂粮转化和养殖业的发展。通过壮大龙头企业，带动基地和农户，不断提高农产品的附加值和比较效益，尽快形成规模优势，50多个龙头企业的年营业收入达到5000万~10000万元以上[①]。

此外，山西应加快运用高新技术和先进适用技术改造农产品加工业，促进

---

① 王学敏：《山西省农业产业化经营和农产品品牌战略研究》，山西财经大学硕士学位论文，2009年。

农产品加工业从劳动密集型的传统产业向劳动密集型与技术密集型相结合的现代产业转变；积极鼓励农产品加工企业与农业科研单位、高等院校、技术推广部门等的合作，在互惠互利的基础上建立长期的协作关系，携手开发和推广新技术、新工艺、新设备和新产品；不断引进国内外先进技术、工艺、设备和管理，进一步提高企业的科技创新能力；加快品种改良和先进实用技术的推广，优化品种结构，提高农产品加工原料品质；鼓励有条件的企业组建自己的科研和技术开发机构，推动高新技术产业化；同时需注意把发展农产品加工业与环境保护结合起来，尽可能减少农产品加工业对环境的污染，维护生态平衡，推进可持续发展。

三、注重品牌农产品的质量、强化品牌保护

品牌是有价值的无形资产，农产品质量是农产品品牌的根本，农产品的生产者，广大农民、农产品种养殖基地、农业企业和涉农单位要注重诚信，把好质量关。在生产方面，作为农产品种养殖基地、农业企业要积极参与 ISO 9000 系列、ISO 14000 系列的国际标准体系认证，企业的产品要积极参与国家环境保护总局有机食品发展中心（即 OFDC）和国际有机农业认证机构的申请认证。要同相关的国际机构（包括外国相关行业的办事处和代理机构）开展良好的联合和合作，尽快让企业的品牌农产品走向国际市场。要依靠科技进步提高品牌农产品的核心竞争力和经济附加值。

在山西省，由于农产品以小规模农户生产为主，农民的市场经济观念还比较落后，对于品牌的保护意识更是淡薄。市场对品牌农产品的冲击主要来自两个方面：一是假冒伪劣农产品的冲击，二是自砸牌子的行为。目前，来自第一种冲击的风险非常大。相对于工业产品来说，农产品更容易被假冒或侵权。要教育引导农产品生产经营者注重农产品商标权。农产品要在市场上站得稳、立得住，就必须用法律来保护它。因为商标就是产品自己的身份证，是农产品进军市场、抢占制高点的秘密武器。政府应该为强化保护农产品品牌努力，各级执法部门要旗帜鲜明地运用法律手段扶持农产品生产经营

企业实施品牌经营。

四、注重品牌规划、加强品牌系统建设

品牌远景是品牌未来发展的目标和方向。要想建立成功的农产品品牌，山西省就必须依据山西农产品特色，如"沁州黄"的发展目标是：处于国内领先地位的、具有国际影响的绿色农业品牌。围绕这一远景，山西省应以绿色产品为主打，在保证初级农产品市场份额的基础上，向科技含量高的精深加工产品发展。要进一步挖掘品牌文化内涵，提高品牌联想度和品牌美誉度。目前"沁州黄"文化是以一种单独的文化形态呈现在人们面前，在山西上党地区的文学、歌舞等方面有着丰富的艺术成果。但是，这种文化内涵在品牌上附着的还不够深刻，消费者对沁州黄品牌的认知主要通过潜移默化的认识得来，还没有形成沁州黄品牌标志性的品牌诉求以及品牌文化理念。除沁州黄名称外，清徐葡萄等品牌都应着力挖掘文化内涵，能够使消费者产生美好的联想，进而美化品牌形象。

山西省下属地级市较多、农村区域大，农产品品牌管理工作繁杂，在省农业厅应设立专门的品牌管理机构。基于山西省品牌资源状况，山西省农业厅层面主要是对全省影响面较大的农产品品牌的管理，其他品牌的经营和管理应明确所有者，由其自行负责。

在管理机构上，可借鉴其他先进省份的做法，在农产品生产者或销售企业设立影响面较大的农产品品牌经理，全面负责农产品品牌管理的有关事项，协调职能部门的品牌管理工作。在管理方式上，应制定农产品品牌管理的办法，对使用品牌的内部单位进行规范和考核，保证品牌质量。同时，省政府还要设立危机管理等紧急事故预案，处理好品牌危机。

可以看出，山西积极发展特色农业产业化，形成生产、加工、销售有机结合和相互促进的机制，提升特色农业的附加值，推进农业向商品化、专业化、现代化转变，对充分发挥特色农产品资源优势，提高区域经济的市场竞争和农业综合实力，实现农业和农村经济的可持续性发展都具有十分重要的意义。农

业产业化必然带来农业生产的规模化、标准化、市场化，这是山西省实施农业产业化品牌的基础。在形成农业产业化规模经营的格局下，农产品的差异性更加突显出来，农产品的市场竞争日趋激烈，而农业产业化经营实施品牌战略是其提升市场竞争力的必然选择。

第九章
转型发展时期山西品牌
建设的机制保障及相关建议

随着经济全球化进程的加快和中国加入 WTO 后国际国内市场竞争不断加剧，质量与名牌问题在国民经济和社会发展中的地位和作用日益突出。近年来，山西省加大了对名牌战略的推进力度，提高了全社会的质量意识和名牌意识，创新了名牌推选评价机制，加强了对名优企业的扶持，培育了一批国家级和省级名牌产品，在结构调整进程中发挥了良好的示范带动作用。但是，面对周边省市经济的迅猛发展，山西作为欠发达地区，实施名牌战略的任务依然十分艰巨。在科学发展观指导下，认真研究探讨优化发展环境，推动山西名牌创新和发展的政策措施，对于促进全省经济结构调整、建设新型能源和工业基地具有十分重要的战略意义。

第一节　转型发展时期山西品牌建设的机制保障

保护山西品牌要靠行业自律，更需机制保障。只有让市场机制更有效、处罚措施更有力、着眼提升产品质量，才能打造真正的金字招牌。一方面，要强化对品牌的管理和保护，另一方面，也应该发挥政府的作用，共同为品牌的建设保驾护航。

一、发挥企业的主体作用

（一）打造卓越品质

如果没有质量安全和卓越的品质作基础保障，品牌建设就是空谈。那么对于山西的地方品牌而言，就应该在源头上紧抓各产品的质量，在此基础上不断改进生产工艺，追求产品的高品质，同时应该建立和完善产品品牌质量追溯体系，使得各环节可查、可控，让消费者真正地放心。

（二）加强合作共赢

在品牌建设中，某一区域支柱龙头企业对区域品牌的贡献，体现在引领产业发展方向，积极维护和发展区域品牌，树立良好的外部形象，从而获取长远利益。而在这个跨界的时代，每一个行业都在不断整合，都在交叉和相互渗透，都在互惠合作。

对于山西地方品牌而言，对于一些弱小的品牌，当下亟须整合人力、财力、物力等资源，将优势资源集中在优势品牌打造上，可以重点企业和已有的知名企业品牌为基础，如果可以的话组建具有规模效应的股份有限公司，主打推出几个在省内外市场上具有竞争优势的企业主导品牌或者明星产品，使其形成较高的辨识度，即只要说起山西地区的某一品牌，就能提及这些主导品牌或明星产品代表，进而促使品牌整体效应的形成；抑或由区域范围内的两家或多家重点独立企业构建稳固的战略伙伴关系，在市场开发、资源获取、营销传播和产品研发等领域开展协作，在彼此的差异中寻找利益契合点，在彼此的共识中凝聚成更大的力量，互利支持，相互分享借鉴，提高整体实力，带动行业整体提升；也可在区域凝聚成利益共同体，避免自相残杀，不仅能够促进分工协作节约成本，还能不断挖掘合作潜力，拓宽合作领域，及时有效沟通商讨策略，实现单方面力量在一定期限内难实现的目标，弥补了各自的缺陷，整合优势培育品牌亮点。树立这种变竞争为竞合的理念，既保存了企业之间竞争的活力，又带来进行优势互补的合力，能够为区域品牌企业群树立统一形象。

二、发挥政府的作用

（一）顺应产业调整需求，明确品牌建设重点

品牌建设首先应顺应产品发展的基本方向，主动落实国家的发展战略，对接城乡居民发展需求，结合地区资源条件，因地制宜地选择品牌建设重点。同时，根据地区产业发展状况，根据品牌建设对土地流转服务、产业集群打造、生产标准实施、企业行为规范的需求，明确品牌建设的短板与政府管理服务重点。

（二）提升品牌建设意识，加强品牌宣传力度

山西品牌推广要求全面提升政府及各类主体的品牌意识，加强地区品牌宣传力度，实施品牌价值战略。地区品牌意识是推进品牌价值战略实施的前提，应重视地区政府与经营主体对品牌的感知度，提高生产企业、合作社的品牌意识，在品牌打造初期形成合力与共识。加强品牌宣传力度不能单纯停留在传统方式上，可借助淘宝等互联网营销平台、微信等现代交流通讯技术、产销对接等新型流通方式，扩大地区品牌宣传路径，拓宽品牌宣传空间。

（三）拓展经济回报渠道，显化品牌建设效益

对于兼有公益性与商业性的山西地区品牌，可通过塑造生态优、景观美、产品特的山西地区形象，推进一二三产融合发展，增大第三产业发展空间，在长期内逐步回收品牌建设投入。对于因使用品牌增加了产品收益的企业，可通过协会与企业自发协商机制，确定品牌使用门槛与付费标准，回收品牌管理维护的日常成本。对于龙头企业等品牌主体，可通过延伸产业链条等途径，最大限度地挖掘品牌建设经济回报。

（四）加大政策扶持，保障品牌战略实施

地方可设立财政专项扶持资金，实施品牌培育补贴、以奖代补等政策，推进品牌建设和企业自有品牌培育。对于企业经营规模相近、缺乏行业领袖的产业，政府应借助行业协会做好技术服务与人才培训、公（共）用基础设施配套、共有品牌培育等工作，增强企业之间的经济联系与合作关系，推动形成品牌建设合力，聚集地区品牌竞争力，为品牌建设提供保障。

第二节　山西名牌战略实施的对策建议

一、实施名牌战略的历史背景

作为促进经济社会发展的一项重要措施，中国的名牌战略是在 20 世纪 90 年代提出的，是改革开放和生产力发展到一定程度的产物，应该说是时代的需要。

（一）人民生活水平的提高对名牌产品提出了巨大的需求

改革开放以前，由于生产力水平低下，生产的主要任务是解决温饱，没有也不可能产生对名牌的需求，即使有这种需求，水平也很低，仅仅满足于"红灯牌收音机、永久牌自行车"等，整个社会并没有名牌的意识。随着改革开放和生产力的迅速发展，人民群众收入的不断增加，追求提高生活质量已成为普遍的要求，而这种要求又势必反映在对具体产品质量的要求上。在这种需求的巨大推动下，生产名牌、实施名牌战略成为企业和社会发展的必然选择。

（二）生产的发展为提供名牌产品成为可能

随着生产力发展，企业管理水平和技术水平的不断提高，企业不仅能够生

产大量的产品满足社会对量的需求，而且还能提供更多的优质量，让消费者钟爱的产品，这是实施名牌战略的物质基础。同时，由于卖方市场转换为买方市场，绝大多数商品供大于求，对产品的质量提出了更高的要求，也就是说，只有质量高的产品，才能在同类产品中卖得好、卖得俏，才能得到消费者的青睐，企业才能生存和发展，这又反过来促进了产品质量的提高。

（三）对外开放增强了消费者和企业的品牌意识

随着对外开放的不断深入，国外品牌大量涌入国内，从一定程度上强化了人们的品牌意识，使人们享受到了高质量的生产工艺和产品带来的物质享受和精神愉悦，同时对中国企业产生了前所未有的压力。要么与国外竞争，发展自主品牌，要么得过且过，被市场残酷淘汰，在这种情况下，走名牌战略之路成为有志企业的现实选择。

山西和全国一样，经过多年的努力，人民的生产水平和生活质量有了很大的提高，对品牌的认识也经历了一个从无到有、由浅入深的过程，但是，由于山西地处内陆以及倚重的工业结构，很多方面还很落后，有些深层次问题尚未得到根本解决，因此，深入实施名牌发展战略也成为促进山西经济社会又好又快发展，加快建设和谐山西的必然选择。

二、山西名牌战略存在的主要问题

尽管山西省实施名牌战略工作取得了明显成效，但从总体上看，仍处于起步阶段，无论是在名牌产品的数量、市场影响力和占有率上，还是在企业发展规模、利润水平、劳动生产率、技术研发、人力资源和企业管理上，山西省与国内先进水平相比均有较大差距，还存在着明显的弱势。这些差距和弱势，是制约山西省进一步实施名牌发展战略的"瓶颈"，如不妥善解决，势必影响山西省经济社会的健康发展。

（一）名牌产品数量较少

受产业结构的制约，山西省高能耗、低附加值、劳动密集型的产品多，高附加值、高科技含量的产品少，名优产品产业集中度低、规模小、品牌效应不明显、市场占有率较低，难以对全省经济产生强有力的支撑带动作用。

（二）名优企业创新、创利能力差

名牌的竞争，归根结底是科技创新能力的竞争，而山西省多数名牌产品科技含量低、附加值小、档次不高。山西名牌产品创利能力也比较弱，远远低于全国品牌对 GDP 贡献率 20% 的平均水平，难以有效提升山西经济发展的质量。

（三）企业经营者创名牌意识不强

一些企业经营者满足于产品现有的水平和效益，发展名牌的积极性不高，缺乏做大做强的动力和欲望；个别企业经营者存在短期行为，将发展名牌作为沽名钓誉之举，而非企业发展的长期战略。作为名牌发展基础的商标注册工作也十分薄弱。商标被抢注的事件屡屡发生，给企业的持续发展造成很大影响。

（四）名牌产品结构仍需进一步优化

由于倚重的工业结构，山西省在国内市场具有较强竞争优势的产品大多集中在煤炭、炼焦、冶金、机械、化工等重工行业，名牌产品也大多是基础原材料，整机和最终消费品偏少，产业结构层次较低，有待优化升级。此外，山西省服装、纺织、食品等部分产业仍然处于初级水平，存在深加工程度低、产品档次低、技术含量低等突出问题，严重削弱了山西省经济的发展后劲。

三、加快实施名牌战略的对策和建议

面对入世的机遇和挑战，面对山西与周边省市及东部经济发达省市发展的差距，加快实施名牌战略，对于增强山西经济竞争力具有十分重要的现实意义和深远的战略意义，为此应从以下几个方面努力：

（一）强化名牌产品培育、扶持、促进发展的政策

实施名牌战略，着力打造山西名牌是山西实现两个根本性转变的重要措

施，也是全省经济由数量型向质量效益型转变的关键所在。面对入世的机遇和挑战，面对国内外名牌产品的大量涌入，对加快实施名牌战略应该有一种紧迫感和危机感。实施名牌战略必须彻底摒弃计划经济的惯性思维模式，树立市场经济观念；必须破除小农经济意识，树立积极的可持续发展观念。各级地方政府要把实施名牌战略纳入当地国民经济和社会发展规划，并建立质量目标责任制，定期开展考核和奖惩，积极探索对名牌产品的培育机制，加快制定有利于名牌产品发展的政策措施，加大对名牌产品的培育、扶持和推动引导力度，做大做强山西名牌产品，促进全省国民经济的持续、快速、健康发展。

（二）实现结构调整和产业优化升级

名牌是企业卓越质量和良好经营管理密切结合的结果，也是反映企业竞争能力的一个重要标志，名牌产品和名优企业在经济结构调整中的作用至关重要。实施名牌战略要与全省经济结构调整紧密结合，集中资金和技术力量，在已初具品牌优势和具有发展潜力的产品中，选择一批产品规模较大、技术水平先进、核心竞争力强、质量好效益高的项目，打造具有国际竞争力的山西名牌产品。以培育新兴产业，促进传统产业的优化升级和发展高新技术产业为突破口，积极培育具有山西特色、具有市场竞争力的接续和替代产业，使山西现有支柱产业的素质明显提高，竞争力明显增强。要充分发挥名牌产品的品牌效应，不断提高名牌产品的技术含量，巩固和扩大名牌产品的市场占有率，推动产业优化。

（三）积极培育名牌产品发展的载体

名牌战略的实施，必须有实力雄厚的企业作为载体，为此要继续加快国有企业改革，积极发展民营企业，着力培育一批经营规模大、运行机制好、拥有自主知识产权、核心竞争力强的大公司和企业集团，充分发挥他们在资本运营、资源配置、技术创新、市场开拓方面的优势，使其成为参与国内外市场竞争的重要力量；要紧紧抓住信息化带来的历史机遇，加快全省企业信息化的进程，用信息技术改造传统产业，用信息化带动工业化，走新型工业化道路，发挥后发优势，加快发展；通过企业信息化建设的实施，促进企业的重组，为山西优势企业降低成本、提高核心竞争力、塑造名牌创造更多的机遇。

（四）全面提高企业整体素质

名牌是企业的外在形象，真正有效的成分是广大消费者对企业内在运行机制和管理模式的信任和认可程度。名牌产品的创建贯穿于企业的整个管理经营行为中，以高质量的经营管理赢得消费者对企业经营战略的认可，才能够创立有生命力的品牌。全面加强企业素质建设，最重要的就是要加快推进建立现代企业制度步伐，规范和完善企业法人治理结构，逐步建立董事会选聘或市场化配置经理人员的机制；采用灵活有效的分配激励机制，鼓励技术、管理等生产要素参与分配，积极探索股权、期权等激励措施，充分调动企业家的积极性，加快培养新世纪的企业管理人才。质量是名牌产品的核心，坚持以质取胜，努力实现企业内部管理的制度创新、人才创新和技术创新，才能从根本上提高企业的整体素质，增强企业的市场竞争力。

（五）大力整顿和规范市场经济秩序

名牌产品的发展壮大离不开良好的市场环境，山西省要突出重点，采取有效措施，坚持不懈地把整顿和规范市场经济秩序工作引向深入，特别是要围绕实施名牌战略工作，进一步加大对制售假冒伪劣产品的违法犯罪行为的打击力度；从生产、批发销售上，严厉打击印制假商标标识、包装的印刷企业和其他制假、售假行为；同时，要把打击假冒伪劣产品和扶持保护名牌产品紧密结合起来，围绕名牌产品积极开展专项打假。通过广泛的宣传，不断强化企业的品牌意识和自我保护意识，推动企业加强对经营方针、营销理念、品牌战略的认识，积极创建和培育健康向上的优秀的企业文化，塑造名牌产品生产企业的市场形象，让名牌产品占领市场、赢得市场，不断提高名牌产品的知名度，促进全省经济的持续健康发展。

参 考 文 献

[1]《1978 年全国国民经济和社会发展统计公报》. 国家统计局. 网址：http：//www. stats. gov. cn/tjsj/tjgb/ndtjgb/qgndtjgb/200203/t20020331_29991. html.

[2] D. H. 帕金斯等. 走向 21 世纪：中国经济的现状、问题和前景 [M]. 南京：江苏人民出版社，1995.

[3] 田春生. 从新自由主义学说看俄罗斯"休克疗法"政策的失败及其原因 [J]. 开放导报，2004 (6)：78 - 84.

[4] 熊焰. 人类面临的气候危机 [J]. 书摘，2010 (8)：111 - 113.

[5] 庄贵阳. 低碳经济气候变化背景下中国的发展之路 [M]. 北京：气象出版社，2007.

[6] 蒋虹，张东明，林少平. 低碳经济时代发电行业的发展形势与对策 [J]. 环境污染与防治，2010 (4)：107 - 109.

[7] 凯文·莱恩·凯勒. 战略品牌管理 [M]. 李乃和译. 北京：中国人民大学出版社，2006.

[8] 荣振环. 品牌建设 10 步通达（第 2 版）[M]. 北京：电子工业出版社，2016.

[9] 李自琼，彭馨馨，陆玉梅. 品牌建设理论与实务 [M]. 北京：人民邮电出版社，2014.

[10] 鞠晴江. 市场策划·品牌建设·销售模式实用工具大全 [M]. 北京：化学工业出版社，2016.

[11] 蒋青云，高山. 中国最佳品牌建设案例：经济转型期的品牌演化

［M］．广州：广东南方日报出版社，2018.

　　［12］郑孝时，孔阳．明清晋商老字号［M］．山西：山西经济出版社，2006.

　　［13］晋商品牌的三次浪潮［N］．山西晚报，2015 - 10 - 18.

　　［14］王晓华，桑莉媛．山西品牌，梦想照进现实［N］．山西经济日报，2014 - 1 - 4.

　　［15］品牌行是供给侧改革的有力尝试［N］．山西经济日报，2016 - 11 - 23.

　　［16］"爱国者"永不言弃品牌理想［N］．中国业企报，2013 - 4 - 1.

　　［17］核心价值的包容性是决定品牌延伸成败的根本．世界经理人．网址：http：//blog. ceconline - bbs. com/BLOG_ARTICLE_205781. HTM.

　　［18］崔志宏．山西汾酒消费转型战略研究［D］．兰州：兰州交通大学，2015.

　　［19］2010 - 2015 白酒行业分析．网址：http：//www. 360doc. com/content/15/1017/12/27524068_506258406. shtml.

　　［20］任慧敏．山西汾酒文化营销研究［D］．天津：天津大学，2014.

　　［21］珍藏版《杏花村诗书画文选》首发仪式隆重举行．凤凰网时尚，2011 - 1 - 21.

　　［22］汾酒荣获巴拿马万国博览会甲等大奖章100周年纪念活动启动．中国新闻网，2014 - 5 - 20.

　　［23］兴文化，再造酒业大文章——杏花村汾酒集团有限责任公司加快发展报道之三［N］．山西日报，2005 - 5 - 16.

　　［24］山西古城乳业集团有限公司．中国质量网，网址：www. ccn. com. cn/zt/2018zly/38781. html.

　　［25］山西古城乳业集团有限公司官方网站，网址：http：//www. guchengruye. com/gucheng - jianjie. html.

　　［26］郭俊．让古城乳业重生［N］．山西晚报，2014 - 9 - 24.

　　［27］郭峰峰．古城乳业：科技创新再铸辉煌［J］．农产品加工，2014 （10）：56 - 57.

[28] 孙日瑶, 刘华军. 品牌经济学原理 [M]. 北京: 经济科学出版社, 2007.

[29] 刘华军. 品牌的经济学分析: 一个比较静态模型 [J]. 财经科学, 2006 (8): 60-66.

[30] 付振龙. 转轨时期我国化肥企业品牌建设机制与模式 [J]. 安徽农业科学, 2009 (29): 14420-14423.

[31] 孙松. 顾客价值视角的化肥企业品牌竞争力研究 [D]. 青岛: 中国海洋大学, 2012.

[32] 山西天脊煤化工集团有限公司官方网站. 网址: http://www.tianjigroup.com/company.aspx.

[33] 王爱军. 天脊这样经营品牌 [J]. 化工管理, 2007 (8): 70-72.

[34] 南风化工集团股份有限公司官方网站, 网址: http://www.nafine.com/nafine_adminapp/user/entrance/getEntrance.do? type=0.

[35] 程绍珊, 张博. 营销模式 [M]. 北京: 中国档案出版社, 2013.

[36] 2009 年我国日化企业在上游市场中的竞争分析. 中国报告网. 网址: http://free.chinabaogao.com/riyongpin/201002/0225Mc32010.html.

[37] 洗衣球. 百度文库. 网址: https://wenku.baidu.com/view/f7ae7826ccbff121dd36830e.html.

[38] 王者师. 南风日化有限公司市场营销策略研究 [D]. 哈尔滨: 哈尔滨工程大学, 2014.

[39] 夏青. 基于微信公众账号的企业品牌形象传播策略 [J]. 当代经济, 2015 (16): 94-96.

[40] 任闯. "奇强" 品牌的互联网推广策略研究 [D]. 太原: 太原理工大学, 2018.

[41] 山西农产品加工信息网. 网址: www.sxsncpjgxx.org.cn.

[42] 李景国, 田友明. 农业科学发展战略视域下农产品品牌建设机制及其营销策略研究 [J]. 安徽农业科学, 2014 (6): 1830-1832.

[43] 杜明. 用品牌建设促进 "一村一品" 发展的对策建议——以山西省

大同市为例 [J]. 山西农业科学, 2013 (2): 188 - 190.

[44] 王学敏. 山西省农业产业化经营和农产品品牌战略研究 [D]. 太原: 山西财经大学, 2009.

[45] "运城苹果" 是如何炼成的. 山西新闻网. 网址: https://baijia-hao. baidu. com/s? id = 1615887292192156604&wfr = spider&for = pc.

[46] 中华人民共和国农业农村部官方网站. 网址: http://www. moa. gov. cn/nybgb/2014/dsanq/201712/t20171219_6105530. htm.

[47] 山西八大特色农产品告诉你什么是 "特色". 三农网. 网址: https://www. zg3n. com. cn/article - 6119 - 1. html.

[48] "山西小米" 和 "山西陈醋" 获我省最具影响力农业区域公用品牌. 山西新闻网. 网址: https://baijiahao. baidu. com/s? id = 1578738219578626 937&wfr = spider&for = pc.

[49] 山西老陈醋. 山西省人民政府网站. 网址: http://www. shanxi. gov. cn/sq/cysx/jztc/201612/t20161222_271952. shtml.

[50] 山西老陈醋生存调查 (二): 文化不能卖钱, 但品牌能. 搜狐网财经频道. 网址: http://www. sohu. com/a/159759101_540853.

[51] 山西沁州黄小米 (集团) 有限公司官网. 网址: http://www. qinzhouhuang. com/.

[52] 任焕珍. 推进沁州黄谷子 "一县一业" 特色农业快速发展 [J]. 中国农业信息, 2014 (22): 57 - 59.

[53] 谢晴. 沁州黄: 贡品小米的科技之路 [J]. 中国农村科技, 2014 (7): 46 - 49.

[54] 张莉. 基于互联网环境下的农产品营销模式研究 [J]. 中国农业资源与区划, 2016, 37 (11): 187 - 192.

[55] 马国宇, 王继平. 农产品市场营销及品牌建设 [M]. 北京: 中国农业科学技术出版社, 2015.

[56] 雷海潮. 发展现代农业的 5 项措施 [J]. 科技情报开发与经济, 2007 (13): 158 - 159.

［57］ Din S. , Bibi Z. , Karim J. , et al. , Don't Blame Conflict for the Adverse Consequences: A Study in Conflict Management ［J］. *Pakistan Journal of Social Sciences (PJSS)*, 2014, 34 (1): 243 – 254.

［58］ Mele C. , Conflicts and Value Co – creation in Project Networks ［J］. *Industrial Marketing Management*, 2011, 40 (8): 1377 – 1385.